Rainer Werner

Schulfarm Scharfenberg

(1922 bis 2022)

Verlag AURIGA Berlin

Rainer Werner

Schulfarm Scharfenberg

(1922 bis 2022)

Verlag AURIGA Berlin

Bibliographische Information der Deutschen Nationalbibliothek:
Die Deutsche Nationalbibliothek verzeichnet diese Publikation in der
Deutschen Nationalbibliographie; detaillierte bibliographische Daten
sind im Internet über http://dnb.dnb.de abrufbar.

Originalausgabe, 1. Auflage 2021
© 2021 Rainer Werner
www.rainer-werner.com
Satz: Patricia Strunk, Berlin
Herstellung und Verlag: BoD – Books on Demand, Norderstedt

ISBN: 9783754373200

Inhalt

Vorwort

„Schönheit in Freiheit"

(Der Dichter Otto Julius Bierbaum bei einem Besuch auf der Insel Scharfenberg)

Blick auf den Tegeler See

Als zu Pfingsten 1918 ein Primanerzirkel des Humboldt-Gymnasiums in Berlin im Park von Schloss Wiesenburg im Hohen Fläming zeltete, erträumten sich die Schüler die ideale Schule: *„In der Schule sollte alles getrieben werden, denn nichts Menschliches ist uns fremd, da sollte neben der Wissenschaft* *besonders die Kunst gepflegt werden, da sollen die Schüler Ställe ausmisten lernen und den Laokoon lesen, Stiefel besohlen und Cellokonzerte geben [...] Schüler und Lehrer! Vereinigt euch zur Idealschule!"*[1]

Im Überschwang der pädagogischen Euphorie hätten sie sich nicht träumen lassen, dass sich ihr Schultraum schon vier Jahre später erfüllen sollte. 1922 nutzte der junge Studienrat Wilhelm Blume die Gunst der Stunde - die Umbruchphase nach dem verlorenen Weltkrieg und der gescheiterten Revolution -, um eine reformpädagogische Versuchsschule auf den Weg zu bringen. In den 11 Jahren, die ihm bis zur Übernahme der Schulfarm Scharfenberg durch die Nationalsozialisten blieben, schuf er pädagogische Glanzpunkte, die in die ganze Republik und ins deutschsprachige Ausland ausstrahlten. Mit dem „Gesamt- und Kulturunterricht" ermöglichte Blume das fächerverbindende Lernen; die Vollversammlung mit gleichem Stimmrecht für jeden Inselbewohner begründete die Selbstverwaltung der „Insulaner"; die Gemeinschaftsarbeit in der Landwirtschaft und den Handwerksinnungen war dazu angetan, neben den kognitiven Talenten auch die körperlichen Anlagen zu entwickeln. *„Lernen mit Kopf, Herz und Hand"* war auf der Schulfarm Scharfenberg keine Phrase, sondern tägliche Realität.

Unter dem Regime der Nationalsozialisten hielten Führerkult und Rassenlehre Einzug, wo zuvor Humanismus und Gemeinschaftsgeist gewaltet hatten. Von November 1940 bis Mai 1945 war die Schule im Rahmen der Kinder-Land-

Verschickung in ländliche Regionen ausgelagert. Der Neubeginn 1946 ging mit der Aufnahme von Mädchen in die Schulgemeinschaft einher. Die Jahre zwischen 1949 und 1969 dienten der Konsolidierung des reformpädagogischen Erbes und der vorsichtigen Anpassung des Bewährten an die gesellschaftliche Entwicklung. Die antiautoritäre Studenten- und Schülerbewegung von 1968 bewirkte in der Schulfarm eine einschneidende Zäsur. Die Schülerproteste erschütterten die Institutionen der Schülerselbstverwaltung in Schule und Internat. Die Folge war der Bruch mit dem reformpädagogischen Prinzip, Leben und Lernen in einer Hand – der des Lehrers – zu vereinen. Da die Lehrer zunehmend die Internatsdienste verweigerten, hielten Sozialpädagogen Einzug im Internat. Unter der Leitung von Rudi Müller erlebte die Schulfarm eine Blüte auf einem speziellen Fachgebiet: dem Schultheater. Unter seiner Leitung entstand der Berliner Lehrplan für das Fach Darstellendes Spiel. Die Schulfarm Scharfenberg war die erste Berliner Schule, die Darstellendes Spiel als reguläres Schulfach in der gymnasialen Oberstufe einführte.

1995 war die Schulfarm Scharfenberg von der Schließung bedroht, weil der Berliner Senat nicht länger gewillt war, eine Schule zu subventionieren, die den Zuspruch von Eltern und Schülern zu verlieren drohte. Die Weiterexistenz der Schule konnte gesichert werden, freilich zu einem hohen Preis. Die Schulfarm Scharfenberg wurde in ein Gymnasium mit gebundenem Ganztagsbetrieb umgewandelt, das auch für Tagesschüler aus der näheren Umgebung offensteht. Das Internat wurde von der Schule abgetrennt und zur Betreuung einem freien sozialen Träger übergeben. Das reformpädagogische Erbe der Schulfarm Scharfenberg war damit endgültig preisgegeben worden.

Wenn die Schulfarm Scharfenberg im Jahr 2022 ihren hundertsten Geburtstag feiert, sollte sie das Jubiläum zur Selbstvergewisserung nutzen. Sie muss die Frage beantworten, wie sich aus dem ruhmreichen reform-pädagogischen Erbe eine stimmige zeitgemäße Pädagogik gestalten lässt. Die Beiträge in diesem Buch sollen den heutigen und ehemaligen Scharfenbergern und den Freunden der Schulfarm in aller Welt die historische Entwicklung der Schulfarm Scharfenberg vor Augen führen und ihr pädagogisches Potential erläutern. Nur wenn man weiß, woher man kommt, kann man die Gegenwart gestalten.

Anmerkung

1. Wilhelm Richter, zit. nach Dietmar Haubfleisch: Schulfarm Insel Scharfenberg, Dissertation, Europäischer Verlag der Wissenschaften, Frankfurt/M. 2001, S. 55

(Berlin, 2021)

Schloss Wiesenburg

Pädagogisches Juwel mit morbidem Charme

Meine Scharfenberger Jahre

Fährhafen

Im August 1989 betrat ich zum ersten Mal die Insel Scharfenberg, um meine Stelle als Deutsch-, Geschichts- und Theaterlehrer anzutreten. Beim Rundgang über die Insel fiel mir auf, dass die Baulichkeiten einen ziemlich ramponierten Eindruck machten. An einigen Gebäuden bröckelte der Putz, auch die Klassenräume hätten einen Schönheitsanstrich gut gebrauchen können. Äußerst spartanisch eingerichtet waren die Schülerwohnhäuser. Die Gemeinschaftsduschen entsprachen dem Standard von Jugendherbergen der 1950er

Jahre. Im Fachbereich Theater fand ich Scheinwerfer vor, die noch aus der Zeit stammten, als Rudi Müller als Theater-Guru auf der Insel das Zepter führte. Von meiner vorigen Schule, einer Gesamtschule, war ich, was Gebäudezustand und Ausstattung angeht, ein wenig verwöhnt. Von allen Berliner Schulformen hatten Gesamtschulen damals die beste Ausstattung. Den Kindern aus der Unterschicht wollte man wenigstens in materieller Hinsicht beste Lernbedingungen bieten. Die Gymnasien glaubte man vernachlässigen zu können, weil Kindern aus dem Bildungsbürgertum das Lernen auch unter kärglichen äußeren Bedingungen leichtfällt. Mich erinnerte der äußere Zustand der Schulfarm an Partnerschaftsannoncen, bei denen die suchende Dame an Stelle äußerer Schönheit ihre „inneren Werte" hervorhebt. Solche hatte die Schulfarm Scharfenberg in der Tat reichlich zu bieten, allem voran die ruhmreiche pädagogische Tradition.

Die Vorteile der Schulfarm Scharfenberg wusste ich bald zu schätzen. Die Klassen waren kleiner, als es an Berliner Gymnasien üblich war. In den Oberstufenkursen tummelten sich manchmal weniger als zehn Schüler. Die ganze Schule war mit ihren 180 Schülern äußerst überschaubar. Wenn man auch im Internat Dienst tat, lernte man in wenigen Wochen die meisten Schüler mit Namen kennen. Gegenüber den innerstädtischen „Lernfabriken" mit ihren bis zu 1.000 Schülern war die Schulfarm Scharfenberg ein gemütlicher Familienbetrieb. Bis auf wenige Ausnahmen versahen alle Lehrkräfte auch Dienste im Internat. Den Nachtdienst in den sieben Schülerwohnhäusern leistete ein Pädagogen-Gespann, bestehend aus einem Lehrer und einem Sozialpädagogen. Dieser Dienst wurde wie in alten Scharfenberger Zeiten Kronidendienst genannt. In der Wortneuschöpfung „Kronide" verschmelzen die Bedeutungen der Wörter Kronos (Vater des Zeus, höchste Autorität) und Chronos (Herrscher über die Zeit).

Sisyphos-Arbeit Internatserziehung

Der Internatsdienst begann in der Regel mit dem gemeinsamen Abendbrot. Die Schüler strömten aus dem Werkunterricht, der in den "Innungen" stattfand, oder vom Freizeitsport in der Mensa. Die freie Zeit vom Abendbrot bis zum Zubettgehen verbrachten sie meistens in oder vor den Wohnhäusern, in denen jeweils eine Klasse untergebracht war. Für die Schüler der gymnasialen Oberstufe gab es ein eigenes „selbstverwaltetes" Wohnhaus. Abends machten die Schüler Spiele, hörten Musik oder erledigten die Hausaufgaben. Fußball- oder Basketball-turniere in der Sporthalle waren auch sehr beliebt. Einmal im Monat gab es im „Kro", einem selbstverwalteten Schüler-Café im Blumehaus, eine Kulturveranstaltung. Oft waren es Lesungen von Schriftstellern oder Diskussions-veranstaltungen zu tagespolitischen Themen. Die Schulfarm hatte offensichtlich den wachen politischen Geist der Gründerzeit bewahrt.

Schülerwohnhaus

Den Schülern fiel es schwer, die Ordnung in den
Gemeinschafts- und Schlafräumen aufrechtzuerhalten. Wenn
sie in der Küche gekocht hatten, ließen sie Töpfe und
Geschirr gerne verschmutzt zurück. Ohne ein striktes
Regelwerk wäre in den Wohnhäusern das Chaos
ausgebrochen. Mit Kommandomethoden kam man allerdings
nicht weit. Man musste die Schüler davon überzeugen, dass
die Ordnung im "eigenen Haus" die Lebensqualität aller
Bewohner erhöht. Gute Erfahrung machte ich mit dem
erzieherischen Prinzip der Belohnung. Da die Wohnhäuser
von großen Bäumen umgeben waren, mussten im Herbst
Berge von Laub zusammengefegt und auf dem Kompost

deponiert werden. Ich legte für unser Haus den Laub-Termin fest und kündigte an, dass es nach getaner Arbeit zur Belohnung Pfannkuchen mit Apfelmus und Eistee gibt. Beim ersten Termin halfen von 30 Schülern nur 10 bei der Laubaktion mit. Beim zweiten Termin waren es schon 20. Der Appetit auf Leckeres hatte geholfen, die Bequemlichkeit zu überwinden. Ich ließ unter den Schülern auch zwei Haussprecher wählen, die mich bei der erzieherischen Arbeit im Internatshaus unterstützten. Verantwortung für das Gemeinwesen zeigt sich bei Kindern mitunter schon sehr früh. Deshalb ist eine Schule gut beraten, wenn sie die Schüler in altersgerechter Form in Entscheidungsprozesse einbindet. Der Einsatz für die Schulgemeinschaft ist auch eine Ausbildung in zivilgesellschaftlichem Engagement, die sich im Erwachsenenleben auszahlt.

„Tiere sind die besten Freunde." (Mark Twain)

Besonders positiv auf die Pädagogik der Schulfarm Scharfenberg hat sich die Landwirtschaft ausgewirkt. Zu meiner Zeit war die Arbeit auf dem schuleigenen Bauernhof noch fest in den Lehrplan der Schule eingebunden. Jede Klasse war für die Betreuung einer Tierart zuständig: Klasse 7 für die Kaninchen, Klasse 8 für die Hühner, Klasse 9 für Schweine und Kühe und schließlich Klasse 10 für die Pferde. Zur Betreuung gehörte das Füttern der Tiere, die Reinigung der Ställe, das Einsammeln der Eier in der Hühnerfarm, das Striegeln der Pferde und die Schur der Schafe. Die Schüler taten das mit Hingabe und einer Zuverlässigkeit, die man ihnen von ihrem Engagement im Unterricht her nicht zugetraut hätte. Niemand wollte sich nachsagen lassen, "seine Tiere" vernachlässigt zu haben. Selbst in den Sommerferien reisten einige Mädchen täglich aus der Innenstadt an, um ihre Tiere zu versorgen, obwohl der Hausmeister angeboten hatte, diese Aufgabe in der Ferienzeit für sie zu übernehmen.

Pony

Heute gibt es Grundschulen, die mit ökologisch wirtschaftenden Bauernhöfen Kooperationen eingehen. Dabei machen sie bei ihren Schülern dieselben Erfahrungen, wie wir sie gemacht haben. Der Umgang mit Tieren bildet Tugenden aus, die der herkömmliche Unterricht nicht zu entwickeln vermag. Tiere fördern Fürsorglichkeit und

Verantwortungsgefühl. Sie erziehen zu Pünktlichkeit und Selbstdisziplin. Der Körperkontakt mit Tieren ist zudem für Kinder eine Art von Seelenbalsam. Er kann ihre Fantasie anregen und ihre Erlebnisfähigkeit vertiefen. Die Empathie, die sie für Tiere empfinden, wird auch dem Umgang mit Menschen zugutekommen.

„Fährmann, hol über!"

Außenstehende stellen sich eine Schule auf einer Insel sehr idyllisch vor. Am Abend war es aber auch beschwerlich, die Insel zu erreichen oder sie wieder zu verlassen. Es gab zwei Motorfähren, eine große für Autos und eine kleine für Personen. Die Personenfähre stellte nach 21 Uhr ihren Betrieb ein, ebenso an Sonn- und Feiertagen. Dann konnte man die Insel nur noch mit dem Ruderboot erreichen oder verlassen. Es gab drei davon, wobei die Regel zu beachten war, dass auf jeder Seite des Fahrwassers immer ein Boot deponiert sein musste. Sonst hätte man, wenn man nachts aus der Stadt kam, nicht mehr auf die Insel zurückkehren können. Um auf jeder Seite einen Kahn zu haben, musste man mitunter dreimal rudern, also bei einer Fahrt einen Kahn ankoppeln und ihn auf die andere Seite schleppen. Um dies zu vermeiden, wandten die Schüler gerne einen Trick an. Wenn sie ins Kino gingen, versteckten sie auf der Festlandseite einen Kahn im Schilf, um nachts auf alle Fälle einen vorzufinden. Die Schüler lernten in den Klassen 7 und 8 rudern und paddeln, in den Klassen 9 und 10 surfen und segeln. Einige Lehrer und Sozialpädagogen hatten einen

Segelschein, um am Nachmittag die Schüler auf den Segelbooten beaufsichtigen zu können. Ich erinnere mich noch gut an dunkle Nächte, in denen ich um 23 Uhr nach Dienstschluss mit einem Ruderboot über den stürmischen Tegeler See ans Festland ruderte. Ich trug eine Stirnleuchte, um nicht vom Kurs abzukommen. Auch kalte Abende, an denen ich durch sich auftürmende Eisschollen rudern musste, habe ich nicht vergessen. An dieser Schule zu unterrichten, hatte eben auch einen gewissen Abenteuerwert. In den zehn Jahren meiner Tätigkeit in der Schulfarm Scharfenberg ist der Tegeler See dreimal zugefroren. Dann konnte ich mit Schlittschuhen oder, wenn Schnee gefallen war, mit Langlaufskiern auf die Insel fahren. Bei den Schülern hatte man durch solche sportlichen Aktivitäten einen Stein im Brett. Ich schwamm auch beim Wettbewerb "Schwimmen rund um Scharfenberg" mit, an dem einmal im Jahr Schüler aus allen Berliner Schulen teilnahmen.

Scharfenberg im Winter

„Leinen los!"

In der Schulfarm Scharfenberg habe ich das Segeln gelernt. Schon in meiner ersten Woche erzählte mir der Schulleiter, er habe mich zum nächsten Segelkurs angemeldet. Möglichst viele Lehrer sollten den Segelschein erwerben, um die Schüler zu beaufsichtigen, wenn sie am Nachmittag mit den schuleigenen Booten auf dem Tegeler See segelten. Die theoretische Ausbildung fand in der Seglerstube des Fährhauses statt, für die praktische Ausbildung benutzten wir die schuleigenen Boote. Unser Ausbilder war ein Sportlehrer, der selbst ein guter Segler war. Im Hafen der Schule gab es Traditionsboote aus Holz und moderne Boote aus Kunststoff. Bei der Pflege der Holzboote half unser

Tischler, der auch den Segelschein hatte. Im Sommer 1990 legte ich die Segelprüfung ab. Schon im Herbst kaufte ich mir ein kleines Kajütboot, das ich im Bootshafen der Schulfarm vertäute. Meine Segelbegeisterung stieg von Jahr zu Jahr, so dass ich mir bald ein Traditionsboot kaufte, eine „Varianta 65" der Firma Dehler. Außerdem trat ich in einen Segelverein ein. Bald machte ich auch den Sportboot-Führerschein See, der es mir erlaubte, auf der Ost- und Nordsee zu segeln. Bis heute bin ich begeisterter Segler. Insofern bin ich der Schulfarm Scharfenberg dankbar, dass sie mir den Anstoß für diesen schönen Sport gegeben hat.

Strenges Regiment

Eine Referendarin, die ich in Deutsch und Geschichte betreute, hatte während ihres Studiums mit ihrem Lebenspartner an einer Weltumsegelung teilgenommen. Sie erklärte sich bereit, unsere Segelabteilung auf Vordermann zu bringen, die in einem verlotterten Zustand war. Sie entmüllte den Bootsschuppen, legte Inventarlisten an und gab unserem Tischler Aufträge zur Überarbeitung unserer Holzboote. Vor allem legte sie Regeln fest, die die Schüler beim Benutzen der Segelboote zu beachten hatten. Sie kämpfte gegen die Unsitte, nach dem Segeln das Boot am Steg zu vertäuen und die Segel angeschlagen zu lassen. Wenn sie nicht geborgen und ordentlich verstaut werden, werden sie durch Nässe unansehnlich. Wenn sie ständig im Wind flattern, können sie auch beschädigt werden. Die Referendarin begann ein straffes Regiment. Wer nach dem Segeln die Segel nicht ordentlich im Bootschuppen verstaute, wurde einen Monat lang vom Segeln ausgeschlossen. Um die Regel durchzusetzen, kettete sie alle Boote an und gab die Schlüssel dem Fährmann, der einer Liste entnehmen konnte, wer gerade segelberechtigt war. Die lange Winterzeit füllte sie mit Wartungs- und Pflegearbeiten. Jeder Schüler, der im Sommer segeln wollte, musste im Winter 20 Arbeitsstunden absolviert haben. Die Stunden wurden in einem Arbeitsbuch durch Klebemarken dokumentiert. Schon nach kurzer Zeit war die Segelabteilung in Schuss. Boote und Material waren in tadellosem Zustand und wurden pfleglich behandelt. Als die Referendarin nach dem Examen die Schule verließ, kehrte der alte Schlendrian zurück. Keiner der Sportlehrer fühlte sich bemüßigt, das erfolgreiche Regiment fortzusetzen, das die segelbegeisterte Kollegin eingeführt hatte. Woran lag das? Gemeineigentum wird immer schlechter behandelt als Privateigentum. Daran sind alle sozialistischen Staatsexperimente gescheitert. Und eine reformpädagogisch geprägte Schule kann nur gedeihen, wenn die Lehrkräfte sich mehr engagieren, als es der Dienst nach Vorschrift verlangt.

Wildtiere erobern die Schule

Da ein Drittel der Insel Scharfenberg als Naturschutzgebiet ausgewiesen ist, konnte es nicht ausbleiben, dass uns die dort lebenden Wildtiere auf die Pelle rückten. Damals betrieb die Landwirtschaft neben der Tierhaltung auch noch Feldbau. Wenn eine Rotte Wildschweine wieder einmal die Felder umpflügte, um an die nahrhaften Früchte zu gelangen, schlug der Landwirt Alarm. Mit Trara rückte dann die von Schülern gebildete Inselfeuerwehr aus und vertrieb das Borstenvieh von den Äckern. Wildschweine sind gute Schwimmer. Sie kommen gerne aus den umliegenden Waldgebieten auf die Insel, um sich an den Blumenzwiebeln in den Vorgärten der Internatshäuser gütlich zu tun. Im Heizungsraum des Schulgebäudes zog einmal eine Fuchsfähe ihren Wurf groß. Über ein kaputtes Kellerfenster war sie eingedrungen und hatte den warmen Raum als ideale Kinderstube entdeckt. Zum Glück fiel in der Zeit der Aufzucht der Welpen die Heizung nicht aus. Sonst hätten die Monteure den Familienfrieden der Füchse empfindlich gestört. Nachdem die Jungen ausgezogen waren, untersuchte eine Schulklasse im Biologie-Unterricht die Überreste der Tiere, die die Füchsin ihren Jungen serviert hatte. Es waren Mäuse, Ratten, Singvögel und Kaninchen.

Scharfenberger Wildnis

Einen krassen Fall von Inbesitznahme menschlichen Wohnraums durch eine Tierfamilie gab es in der Schulküche. Eines Tages bemerkte eine Küchenfrau, dass eine übelriechende Flüssigkeit von der Decke tropfte. Als der Hausmeister den Dachboden inspizierte, sah er, dass dort eine Familie Waschbären hauste. Die Jungen waren schon kräftig herangewachsen. Es stank bestialisch, weil der Boden mit Kot, Urin und den Überresten der „Mahlzeiten" bedeckt war. Sofort schloss die Schulleitung die Küche aus Hygienegründen. Der Förster und ein Kammerjäger sammelten die Waschbärenfamilie ein und setzten sie im Tegeler Forst wieder aus. Waschbären sind schlaue Tiere, die sich überall zurechtfinden. Als Allesfresser greifen sie auch gerne auf Küchenabfälle zurück. In der Oberstube der Mensa-

Küche saß die Familie an der Quelle. In freier Wildbahn wird es für sie schwieriger gewesen sein, Beute zu machen. Ein Dachdecker schloss am Dach der Küche alle Ritzen und verschraubte die untere Ziegelreihe fest mit den Holzlatten. Danach war eine Wiederholung der Einquartierung ausgeschlossen.

„Geschichte wird gemacht, es geht voran!" (Fehlfarben)

In meine Scharfenberger Zeit fiel der Fall der Berliner Mauer. An den Tag kann ich mich noch gut erinnern. Am 9. November 1989, einem Donnerstag, hatte ich Nachtdienst im Internat. Die Schüler gehen nach ihrem Alter gestaffelt zu Bett. Die beiden Lehrer, die des Nachts im Internat Dienst versahen, kontrollierten in den Schlafzimmern die Vollzähligkeit der Bewohner. Als ich gegen 21 Uhr mit meiner Taschenlampe an einem Lehrerwohnhaus vorbeiging, öffnete der Kollege das Fenster und rief mich in sein Wohnzimmer. Er hatte den Fernseher laufen und sagte fassungslos: "Die Mauer ist offen, das ist ja Wahnsinn." - Ich brach meinen Kontrollgang ab und schaute mit ihm und seiner Frau bis gegen Mitternacht das Live-Programm des SFB (Sender Freies Berlin). Am nächsten Morgen versammelte der Schulleiter nach dem Frühstück alle Schüler in der Aula und gab bekannt, dass an diesem Tag der reguläre Unterricht ausfällt und stattdessen alle Klassen in Begleitung zweier Lehrer an verschiedene Grenzkontrollpunkte gehen, um die Maueröffnung live zu erleben.

Ritt auf der Mauer

In diesen Tagen geschah etwas, wovon Geschichtslehrer immer träumen. Vor unser aller Augen ereignete sich Geschichte. Ich erklärte meinen Schülern, dass wir jetzt ein ähnliches Erlebnis haben, wie es Goethe bei der Schlacht von Valmy am 20. September 1792 hatte. Damals sagte er: *"Von hier und heute geht eine neue Epoche der Weltgeschichte aus, und ihr könnt sagen, ihr seid dabei gewesen."* [1] - Dieses Wort hat sich nach der Maueröffnung tatsächlich bewahrheitet. Das kommunistische Imperium löste sich auf, die Staaten des Warschauer Pakts wurden selbstständige Nationen. Viele wandten sich dem Westen zu und wurden Mitglied in der NATO und der Europäischen Union. Bis heute gilt die Frage als geflügeltes Wort: "Kannst du dich noch daran erinnern, wie du am 9. November 1989 den Fall der Berliner Mauer erlebt hast?"

AURIGA: Der Fuhrmann

Der Schulfarm Scharfenberg verdanke ich die Gründung eines eigenen Verlags, den ich „Verlag AURIGA Berlin" nannte. Als ich eines Tages ins Sekretariat kam, saß dort ein älterer Herr und plauderte mit der Sekretärin. Sie verwies ihn an mich, da er ein historisches Anliegen hatte. Er stellte sich als ehemaligen Schüler der Schulfarm vor, der während der Zeit des Nationalsozialismus Schüler gewesen sei und auch in dieser Zeit sein Abitur abgelegt habe. Über seine damaligen Erlebnisse habe er ein Manuskript geschrieben, für das er einen Verlag finden möchte. Er vertraute mir das kostbare Konvolut an und bat mich um Unterstützung bei der Publikation. Schon beim ersten Lesen war mir klar, dass es sich um wertvolle Informationen handelt, wie sie in keinem historischen Buch über diese finstere Zeit zu finden waren. Der Autor beschreibt, wie die Nationalsozialisten die Pädagogik der Schule umkrempelten, wie sie den reformpädagogischen Geist durch das Führerprinzip ersetzten. Ein ausführliches Kapitel widmet der Text der Kinder-Land-Verschickung (KLV), die für die Scharfenberger Schüler schon im November 1940 begann, weil Briten und Amerikaner damals begannen, Berlin zu bombardieren. Schüler und Lehrer der Schulfarm wurden aufs Land verfrachtet, ins Riesengebirge, nach Mähren oder Mecklenburg. Auf einer Gesamtkonferenz stellte ich das Buch dem Lehrerkollegium vor. Das Interesse des Kollegiums war verhalten, die Schulleitung nicht bereit, das Buch in eigener Regie herauszugeben und dafür Gelder anzuwerben. Deshalb gründete ich kurzerhand meinen nicht-kommerziellen Verlag AURIGA, der heute noch besteht. Im Jahr 1997 erschien das Buch unter dem Titel: Heinz K. Jahnke, *„Scharfenberg unter dem Hakenkreuz"*. Es wurde ein großer Erfolg. 1.000 verkaufte Exemplare sind für ein Sachbuch mit einer so spezifischen Thematik bemerkenswert. In einer Besprechung lobte die „Berliner Morgenpost" das Buch als wichtige Quelle der Schulgeschichte zur Zeit des Nationalsozialismus [2]. Das Buch ist ein gutes Beispiel für die Disziplin „Geschichte von unten", die im angelsächsischen Raum „Oral History" genannt wird. Heute ist der Büchermarkt voll von Berichten von Zeitzeugen aus der NS-Zeit oder aus der ehemaligen DDR. Am 10. Oktober 2019 ist der Autor Heinz K. Jahnke im Alter von 94 Jahren in den USA gestorben. Bis zu seinem Tod war er der älteste noch lebende Scharfenberger.

Rettung der Schulfarm Scharfenberg und Abschied

1999 habe ich diese Schule, die mir so ans Herz gewachsen war, nach 10-jähriger Tätigkeit wieder verlassen. Schuld daran war die Berliner Politik, vor allem die Mutlosigkeit des Schulsenats. 1995 stand in der Berliner Morgenpost, dass der damalige Finanzsenator Thilo Sarrazin beabsichtige, die Schulfarm wegen zu hoher Kosten zu schließen. Das Internat war tatsächlich nicht mehr voll belegt, die laufenden Kosten blieben trotzdem hoch. Zusammen mit dem Vorsitzenden der

Gesamtelternvertretung und dem Vater eines Schülers formulierte ich das *"Memorandum zur Erhaltung der Schulfarm Scharfenberg als Reformschule"*. Darin legten wir dar, warum es sinnvoll sei, die Schule mit einem zeitgemäßen reformpädagogischen Konzept zu erhalten und weiterzuentwickeln. In die Unterschriftenliste zu diesem Text haben sich in der Folge über 2.000 Freunde der Schulfarm eingetragen. Die Unterschriften wurden, da es das Internet noch nicht gab, mit Listen gesammelt. Der Schulträger - damals der Bezirk Reinickendorf - erteilte einer schulischen Reformgruppe den Auftrag, dieses Konzept zu erarbeiten. Von einem Professor für Geschichte der Pädagogik der Universität Potsdam holten wir uns fachlichen Rat. Das Konzept fand in der Senatsschulverwaltung, bei den Parteien des Bezirks und bei Eltern und Schülern großen Zuspruch. Die Lehrer waren die einzige Gruppe, die es ablehnte. Die Mehrheit befürchtete persönliche Nachteile, unbequemere Dienstzeiten und mehr Einsatz im Internat. Der Schulsenat hatte damals nicht den Mut, sich gegen eine Berufsgruppe durchzusetzen, die aus egoistischen Gründen ein sinnvolles Reformkonzept für diese traditionsreiche Schule blockierte. Zusammen mit meinen wenigen Mistreitern im Kollegium verließ ich die Schulfarm. Aus der Ferne mussten wir dann erleben, wie ein völlig anderes Konzept verwirklicht wurde. Die Schule wurde für Kinder aus den umliegenden Ortsteilen geöffnet und für diese Tagesschüler ein gebundener Ganztagsbetrieb eingeführt. Das Internat wurde von der Schule abgekoppelt und einem freien Träger übergeben. Damit wurde das reformpädagogische Erbe, die Einheit von Lernen und Leben, schwer beschädigt. Die Schulfarm

Scharfenberg kann sich seither nicht mehr rühmen, Mitglied in der Gemeinschaft der reformpädagogischen Landerziehungsheime Deutschlands zu sein. Für mich galt es wieder, nach einer neuen Schule Ausschau zu halten.

Kunstaktion, Hexensabbat und Schwarze Pädagogik

Wenn ich nach Erlebnissen gefragt werde, an denen der reformpädagogische Geist der Schule deutlich wird, fallen mir zwei Episoden ein. Gleich im ersten Jahr meiner Tätigkeit an dieser Schule gab es ein schönes Gemeinschaftserlebnis. Der über den Bezirk Reinickendorf hinaus bekannte Kunstlehrer Siegfried Kühl („Bonzo") hatte zum 100-jährigen Geburtstag der Malerin Hannah Höch eine große Skulptur aus Bronze gestaltet. Von 1939 bis zu ihrem Tod 1978 lebte die Künstlerin in Heiligensee und die Kunstlehrer der Schulfarm besuchten sie des Öfteren mit ihren Schülern in ihrem Atelier. Die Skulptur wurde vom Bezirksamt finanziert und auf einer Landzunge an der Großen Malche am Tegeler See errichtet. Zur Einweihung wanderte die ganze Schulgemeinde sechs Kilometer bis zum Ort des Geschehens. Die Reden der Offiziellen wurden von Darbietungen des Schulchors umrahmt. Solche gemeinschaftsbildenden Aktionen hatte ich in den Schulen zuvor nicht erlebt.

Ein zweites Gemeinschaftserlebnis habe ich meinen Schülern gemeinsam mit einer Sozialpädagogin beschert. Einige Mädchen aus der 10. Klasse wollten am 30. April, der damals auf einen Sonnabend fiel, auf der Insel die Walpurgisnacht[2] feiern. Inselwochenenden waren bei Schülern beliebt, weil die

Masse der Schüler freitags nach Hause fuhr und die Zurückbleibenden dann die ganze Insel für sich hatten. Sie brauchten aber immer eine verantwortliche Lehrkraft, die auch auf der Insel schlief und ihre Aktivitäten im Auge behielt. Auf dem höchsten Berg der Insel, dem zehn Meter hohen "Scharfen Berg", von dem der Name der Insel herrührt, hielten wir einen zünftigen Hexensabbat ab - mit Holzfeuer, Verkleidung, Tanz und Zaubersprüchen. Einige Jungen, die zur Sabbatfeier selbst nicht zugelassen waren, bereiteten unterdessen in der Schulküche für die "Hexen" einen Abendimbiss vor. Auch diese Veranstaltung steht in der Tradition der Reformpädagogik, die künstlerische Aktivitäten für die Entwicklung der Persönlichkeit der Schüler sehr schätzte.

Ein negatives Erlebnis hatte ich mit einem Schüler der 10. Klasse. Beim gemeinsamen Mittagessen in der Mensa bewarf er Mitschüler mit Pflaumen, die es als Nachtisch gab. Die Schüler traten, wenn sie Nachschlag fassten, in die zermanschten Früchte. Ich bat den Schüler zum Gespräch und verpflichtete ihn zu einem Reinigungsdienst in der Mensa. Dazu stellte ich ihm einen Laufzettel aus, den er nach erledigtem Dienst vom aufsichtführenden Lehrer abzeichnen lassen sollte. Diese Lehrkraft teilte mir später mit, dass der Schüler nicht erschienen sei. Jetzt wusste ich, dass eine Kraftprobe bevorstand. Ein gemeinsames Gespräch beim Schulleiter verlief, ohne dass der Schüler Einsicht gezeigt hätte. Ich schrieb darauf einen Brief an seinen Vater, einen Psychologen von Beruf. Ich wies ihn darauf hin, dass ein wichtiger Erziehungsgrundsatz unserer Schule das Prinzip der Wiedergutmachung sei: Wer sich an der Gemeinschaft versündig hat, muss sich mit ihr wieder durch einen Gemeinschaftsdienst versöhnen. Das Verhalten seines Sohnes habe den Respekt an unseren Küchen- und Reinigungsfrauen vermissen lassen, denen unsere Schule dieselbe Würde zumisst, wie Lehrer und Schüler sie für sich beanspruchen. Der Vater beschimpfte mich in seinem Antwortbrief als einen Vertreter der „Schwarzen Pädagogik" und verwies auf den Roman „Unterm Rad" von Hermann Hesse, in dem ein Schüler von gnadenlosen Lehrern in den Selbstmord getrieben wird. Starker Tobak. Die Küchenchefin bedankte sich bei mir für meinen Brief. Er hing noch wochenlang an der Essensausgabe der Mensa. Ein halbes Jahr später verließ der Schüler die Schulfarm Scharfenberg auf eigenen Wunsch. Mir hat der Vorfall gezeigt, dass Gemeinschaftsfähigkeit für ein harmonisches Miteinander in einer Internatsschule unabdingbar ist. Mitunter muss man um diese Tugend kämpfen.

Danksagung

Der Schulfarm Scharfenberg verdanke ich trotz des enttäuschend verlaufenen Reformprozesses von 1996/1997 viel. Durch sie bin ich zum ersten Mal intensiv mit der Reformpädagogik in Berührung gekommen. Als Betreuer des Archivs studierte ich die Geschichte der Schulfarm Scharfenberg und konferierte mit Professoren der Humboldt-Universität zu Berlin und der Universität Potsdam, um mir deren Expertise für den Reformprozess auf Scharfenberg nutzbar zu machen. Ich hospitierte an der Odenwaldschule in Heppenheim und im Landheim Ammersee, um von den Betreuungsmethoden dieser anerkannten Landerziehungsheime zu lernen. Ich nahm an pädagogischen Kongressen teil und veröffentlichte Berichte über die Schulfarm Scharfenberg in Fachzeitschriften und Tageszeitungen. Auch wenn diese Bemühungen letztlich nicht von Erfolg gekrönt waren, weil sich der damalige Lehrkörper samt Schulleitung der Reform verweigerten, habe ich für meine Tätigkeit als Lehrer sehr viel gelernt. Es ist eine Ironie der Geschichte, dass ich meine reformpädagogischen Ideen anschließend an einem normalen Stadtgymnasium ohne Schwierigkeiten realisieren konnte. Das John-Lennon-Gymnasium im Berliner Bezirk Mitte bot mir dafür ideale Bedingungen: einen Schulleiter mit einer pädagogischen Vision, ein reformfreudiges und hochmotiviertes Kollegium und Schüler, die getreu dem Geist unseres Namenspatrons John Lennon offen waren für kreative Unterrichtsideen. Mit meinem Wechsel an dieses Gymnasium, das heute (Stand 2021) zu den besten Gymnasien Berlins zählt, habe ich einen Wunsch des Schulgründers Wilhelm Blume erfüllt: Ich habe die Scharfenberg-Idee an eine andere Schule getragen.

Berlin, 2021

Anmerkungen

1. Johann Wolfgang von Goethe: Campagne in Frankreich 1792, verfasst 1819-1822, in: Hamburger Ausgabe, München 1982, Bd. 10, S. 235

2. Berliner Morgenpost vom 23. 10. 1997

3. Die Schüler der Schulfarm interessierten sich sehr für die Legenden, die sich um die Insel Scharfenberg ranken. Die Mädchen der 10. Klasse wollten mit ihrer Walpurgisnachtfeier den Hexen ihre Referenz erweisen, die der Legende nach auf dem „Scharfen Berg" ihren Hexensabbat gefeiert haben.

Blumehaus

Memorandum zur Erhaltung der Schulfarm Scharfenberg als Reformschule

Die Schulfarm Scharfenberg ist ein Jahr vor ihrem 75jährigen Gründungsjubiläum von der Schließung bedroht, weil die Stadt Berlin und der Bezirk Reinickendorf die Subventionen für diese Schule nicht mehr aufbringen wollen.

Die Unterzeichner dieses Memorandums fordern den Erhalt der Schulfarm!

Sie steht exemplarisch für die Reformbewegung im Schulwesen der Weimarer Republik und der Zeit nach 1945. Die hier erprobten Modelle eines am Schüler orientierten fachübergreifenden „Natur- und Kulturunterrichts" (W. Blume), eines „Lernens mit Kopf, Herz und Hand" sowie das spezifische Scharfenberger Gemeinschaftsleben, die radikaldemokratisch verfasste „Inselrepublik", waren Vorbild für weitreichende Reformen im staatlichen deutschen Schulsystem.

Wir verteidigen diese Schule nicht aus Nostalgie – nein, wir sind der Überzeugung, dass das heutige Schulsystem, das mit seinen anonymen Lernschulen immer mehr in die Kritik gerät, Schulen benötigt, die Bildung und Erziehung nicht länger voneinander trennen, die eine ganzheitliche Persönlichkeitsbildung für ihre wichtigste Aufgabe halten.

Wenn man die Gesellschaft betrachtet, in der Kinder und Jugendliche heute hineinwachsen, ist eine solche an Werten orientierte Bildung und Erziehung nötiger denn je. Die Befunde von Jugendstudien sprechen hierzu eine deutliche Sprache:

- *Kindheit wird durch die Medien reduziert auf ein Leben aus zweiter Hand.*

- *Die moderne Massengesellschaft bewirkt eine wachsende Beziehungslosigkeit und ein Leben in zunehmender Vereinzelung.*

- *Viele Kinder empfinden das Leben als bedrohlich infolge von Umweltkatastrophen und Krieg.*

- *Kindheit wird zunehmend geprägt durch Ehescheidungen, Partnerwechsel, Einelternfamilien, durch die Brüchigkeit von Beziehungen insgesamt.*

Sollen Kinder zu Erwachsenen heranreifen, die einen positiven Bezug zur Gemeinschaft entwickeln können, muss auch in der Schule ihr Grundbedürfnis nach Geborgenheit, Anerkennung und Verantwortung befriedigt werden.

Die Schulfarm Scharfenberg hätte infolge ihrer Tradition, ihrer idealen Insellage und der gegebenen Einrichtungen (Werkstätten, Landwirtschaft und Gemeinschaftsleben) ideale Voraussetzungen für ein solches *Erziehungskonzept*. Es müsste darin bestehen, dass es

- *Intellektuelles und praktisch-handwerkliches Lernen miteinander verbindet,*

- *die Schüler durch Elemente einer Selbstverwaltung zu sozialer Verantwortung und Gemeinsinn erzieht,*

- *im schulischen Lernen neue Wege beschreitet - vor allem zu fachübergreifendem, projektbezogenem Lernen,*

- *den Lernort Schule als Lebens- und Wohnbereich ernst nimmt und gestaltet.*

In einem solchen Erziehungskonzept müssen die Erwachsenen mehr sein als austauschbare „Lehrpersonen". Sie müssen den Kindern und Jugendlichen auch außerhalb des Unterrichts als verlässliche Ansprechpartner zur Verfügung stehen und ihren Erzieherberuf mit ihrer ganzen Person ausfüllen.

Wir sind uns im Klaren, dass die Schulfarm Scharfenberg ihre Daseinsberechtigung nur dann geltend machen kann, wenn sie pädagogisch etwas anderes bietet als die Berliner Normalschule, wenn sie ein fachliches und erzieherisches Profil zeigt, das sie von der Regelschule unterscheidet. Sonst wäre der Öffentlichkeit nicht zu vermitteln, weshalb man den Erhalt eines „Kleinstgymnasiums mit angeschlossenem Schülerwohnheim" fordert. Deshalb sollten die politisch Verantwortlichen, wenn sie über den Erhalt der Schulfarm befinden, von der Schule ein tragfähiges *Reformkonzept im oben beschriebenen Sinne* einklagen und den Erhalt der Schule davon abhängig machen.

Die Unterzeichner dieses Memorandums sind bereit, Ausarbeitung und Umsetzung eines solchen Konzeptes kritisch zu begleiten.

Initiative „Erhaltung der Schulfarm Scharfenberg als Reformschule" (1996)

Markus Meckel	Christoph Pewesin	Rainer Werner
(Vater eines Scharfenberger Schülers)	(Vorsitzender der Gesamteltern-vertretung und ehemaliger Scharfenberger Schüler)	(Lehrer der Schulfarm Scharfenberg)

Scharfenberger Enge im Winter

Abschied von einem Traum

Brief zum Abschied von der Schulfarm Scharfenberg (1999)

Ende dieses Schuljahres werde ich nach 10-jähriger Tätigkeit als Lehrer die Schulfarm Scharfenberg verlassen. Viele Scharfenberger haben mich in den letzten Wochen nach den Gründen für diesen Schritt gefragt. Ich will das Angebot der R.I.P.[1] gerne nutzen, dazu einige Erläuterungen zu geben.

Die Schulfarm Scharfenberg war in den letzten vier Jahren in einer Umbruchphase begriffen. Die Drohung der Schließung der Schule vor Augen, musste sie sich reformieren, musste vor allem das Internat so attraktiv gestalten, dass wieder mehr Eltern bereit sind, ihre Kinder auf der Insel wohnen zu lassen. Wir haben versucht, durch die Umstellung der Wohnhäuser auf altersgemischte Belegung[2] das Zusammenleben der Schüler friedlicher und sozialer zu gestalten. Wie man heute deutlich erkennen kann, hat dieser Schritt allein noch nicht die gewünschten Erfolge gebracht. Wie viele sicher wissen, bin ich am Anfang der Reformphase im Jahr 1997 dafür eingetreten, dass auch die Lehrer enger mit den Schülern, die sie zu betreuen haben, zusammenwohnen. Kleine Privatzimmer in den Wohnhäusern wären dazu nötig gewesen. Die Erfahrungen anderer Internate zeigen, dass solche Stammgruppen, Familien, Flurgruppen - wie sie auch immer heißen mögen - die Gewähr dafür bieten, dass sich Schüler in hohem Maße mit ihrer Schule identifizieren und dass Regelverletzungen immer mehr abnehmen. Das kann jeder nachvollziehen, der eigene Kinder großgezogen hat. Nur eine solide Vertrauensbasis zwischen dem Heranwachsenden und dem Erwachsenen schafft so viel Sicherheit, dass Kinder und Jugendliche nicht ständig darauf angewiesen sind, sich zu produzieren oder sich durch „Mistbauen" zu profilieren.

Das familiäre Prinzip kann man – natürlich mit Einschränkungen – auch auf ein Internat übertragen. Je verbindlicher und verlässlicher die Beziehungen zwischen Betreuern und Schülern sind, desto tragfähiger ist die menschliche Basis der ganzen Schulgemeinschaft. Die internatsüblichen Konfliktfelder, wie Alkohol, Drogen, verbale und tatsächliche Gewalt und Zerstörung von Sachwerten, können erfolgreich nur bewältigt werden, wenn es nicht bei einer rein formalen Einforderung regeltreuen Verhaltens oder bei Appellen an Idealverhalten bleibt. Nur durch enge persönliche Bindungen der Jugendlichen an erwachsene Betreuer und Erzieher können nachhaltige positive Verhaltensänderungen erreicht werden.[3] Das heute praktizierte Prinzip des Schichtwechsels – jeden Tag ein anderer Betreuer – ist ein schlechter Notbehelf, aber keine hinreichende Bedingung für eine gute Internatserziehung.

Die Schulfarm Scharfenberg hat, wenn man in den Jahrbüchern vergangener Zeiten blättert, immer schwierige Schüler gehabt. Das lag in der Vergangenheit daran, dass sich die Schule auch dem Auftrag verpflichtet sah, Kinder aus zerstörten Familien, aus der Unterschicht und aus Heimen aufzunehmen und sie durch das Leben in der Gemeinschaft zu stabilisieren. Wenn heute Lehrer über unsoziale, egoistische Schüler auf der Insel klagen – ich tue das gelegentlich ebenfalls -, ist das zwar verständlich, aber so lange hilflos, wie wir nicht alle Möglichkeiten ausgeschöpft haben, die Betreuung im Internat zu verbessern, um gerade diesen schwierigen Schülern eine solide Basis für eine positive Entwicklung zu geben. Dass man sich u.U. auch einmal von einem Schüler wird trennen müssen, der die Gemeinschaft bewusst zerstört, sollte für jede erzieherische Einrichtung selbstverständlich sein. Als allgemeine Linie sollte jedoch gelten: Jeder soll eine Chance haben, sich in die Gemeinschaft einzufügen, sich in ihr zu bewähren. Das sollte in einer so kleinen, überschaubaren und formbaren Gemeinschaft wie der der Schulfarm Scharfenberg eigentlich möglich sein.

Ich werde in Zukunft am John-Lennon-Gymnasium im Bezirk Mitte unterrichten. Wie alle Lehrer, die in der Vergangenheit die Schulfarm Scharfenberg verlassen haben, nehme ich wichtige Scharfenberger Erfahrungen mit an meine neue Schule. Eine davon wird sein, nie zu vergessen, dass die fachlich geprägte Unterrichtsarbeit eines Lehrers immer nur eine Seite der Medaille ist. Die andere ist die erzieherische Einwirkung auf die Schüler und die Achtung vor ihrer Persönlichkeit.

Ich wünsche allen Scharfenbergern ein gutes Gelingen bei der gemeinsamen Weiterarbeit am Projekt einer guten Schule.

Rainer Werner, 4. 7. 1999

Anmerkungen

1. R.I.P. hieß die damalige Schülerzeitung. Aus dem Lateinischen übersetzt heißt das Akronym: Ruhe in Frieden.

2. In den reformpädagogischen Landerziehungsheimen wohnen die Schüler in solchen altersgemischten Gruppen, die Familien genannt werden. Im selben Haus wohnt auch der betreuende Lehrer mit seiner eigenen Familie.

3. Die Chronik Scharfenbergs gibt Auskunft darüber, dass in der „alten Zeit" auch schwierige Schüler durch die enge Bindung an einen Lehrer zu wertvollen Mitgliedern der Scharfenberger Gemeinschaft wurden.

Humboldtscheune

Die reformpädagogische Tradition bewahren

Kritische Auseinandersetzung mit dem gegenwärtigen pädagogischen Zustand der Schulfarm Insel Scharfenberg

Vor genau 200 Jahren erschien ein Roman, der ein pädagogisches Konzept enthält, das aus heutiger Sicht verblüffend modern erscheint: "Wilhelm Meisters Wanderjahre" von Johann Wolfgang von Goethe. Wilhelm Meister besucht mit seinem Sohn Felix in der "pädagogischen Provinz" eine in unberührter Natur liegende Internatsschule, um seinen Sprössling dieser Einrichtung anzuvertrauen. Beim Rundgang durch die Schule erfährt der alleinerziehende Vater die Grundsätze der dort geübten Pädagogik. Deutlich wird, dass der Persönlichkeitsbildung der Heranwachsenden höchstes Gewicht beigemessen wird. Wichtigstes Erziehungsziel ist die Ehrfurcht der Schüler vor sich selbst. Sie resultiert aus der Ehrfurcht vor einem höheren Wesen (Transzendenz), der Ehrfurcht vor der Natur als unserer Ernährerin (tatkräftige Lebensgestaltung) und der Ehrfurcht vor dem Menschen als einem zerbrechlichen Wesen, das es zu schützen gilt (Solidarität). Die durch die drei Arten von Ehrfurcht geläuterte Ehrfurcht vor sich selbst erzeugt ein Selbstbewusstsein ohne Dünkel und Selbstsucht, eine Haltung der Toleranz und Offenheit. Das in der Schule gelebte ganzheitliche Erziehungsziel schlägt sich in der praktischen Tätigkeit der Schüler nieder. Musik, Gesang und Tanz, aber auch die Arbeit in Garten und Landwirtschaft fördern und fordern die ganze Person, weil in diesen Tätigkeiten alle Sinne angesprochen werden. Goethe, der die sinnliche Wahrnehmung überaus schätzte, entwirft hier das Konzept einer ganzheitlichen Pädagogik, das dem durchrationalisierten Ausbildungsbetrieb unserer heutigen staatlichen Schulen fundamental widerspricht.

Es hat in Deutschland eine Zeit gegeben, in der Goethes Utopie einer ganzheitlichen Pädagogik auf fruchtbaren Boden fiel: die Zeit der Reformpädagogik. Anfang des 20. Jahrhunderts wurde ein gutes Dutzend "Heimschulen" - so nannte man damals Internate - gegründet, die in natürlicher Umgebung eine Pädagogik pflegten, die sich das "Lernen vom Kinde aus" (Ellen Key) auf ihre Fahnen schrieben. Bildung wurde zu einem Instrument der Lebensgestaltung und -erfüllung, die selbstbewusste und zugleich verantwortungsvolle junge Menschen heranbilden sollte. Die Erziehung zu Selbsttätigkeit und Eigenverantwortung prägten das erzieherische Handeln. Intellektuelle und musisch-künstlerische Bildung verbanden sich mit sinnlich-handwerklichen Tätigkeiten in Werkstätten ("Innungen") und in der Landwirtschaft nach dem Prinzip des Lernens mit "Kopf, Herz und Hand". Die Schulfarm Scharfenberg, gelegen auf der Insel Scharfenberg im Tegeler See (Berlin), war die letzte Schulgründung im Zeichen der Reformpädagogik. Der junge Studienrat Wilhelm Blume plante 1921 ursprünglich nur eine Sommerschule, um mit Kindern, die aus finanziellen Gründen nicht verreisen konnten, die Sommerferien in freier Natur zu verbringen. Blume war geprägt von der Wandervogelbewegung, die die Jugend „aus grauer Städte Mauern" in die Natur führte, damit sie dort ein freies

Lebensgefühl erlebte. Aus der Sommerschule wurde eine reformpädagogische Internatsschule, die am 4. Mai 1922 den Unterrichtsbetrieb - zuerst mit einer 10. Klasse und drei Lehrkräften - aufnahm. Es war eine reine Jungenschule, in der auch Kinder aus der Arbeiterschicht Aufnahme fanden. Um ihnen den Besuch dieser Schule zu ermöglichen, wurde die Internatsgebühr sozial gestaffelt. Bis zur Machtergreifung des Nationalsozialismus 1933 setzte die Schulfarm Scharfenberg pädagogische Impulse, die auf Schulen in der ganzen Republik ausstrahlten. Um die Fragmentierung des Wissensstoffes in Einzelfächer zu überwinden, entwickelte Blume in der Mittelstufe sein Konzept vom "Gesamtunterricht", der die Fächer Deutsch, Geschichte, Erdkunde und Religion umfasste und einem Lehrer anvertraut war. Der Unterricht konnte jahrgangsgebunden, aber auch, wenn es thematisch geboten war, jahrgangsübergreifend stattfinden. Das Prinzip des fachübergreifenden Unterrichts setzte sich in der Oberstufe im 10-stündigen "Kulturunterricht" und im 5-stündigen "Naturunterricht" fort. Im Kursunterricht, der diese beiden Lernbereiche ergänzte, konnten die Schüler Kurse nach Neigung und Interesse frei wählen. Unschwer kann man an diesem Unterrichtskonzept die heutige Oberstufe mit ihren Leistungs- und Grundkursfächern erkennen. Für die damalige Zeit revolutionär war die weitgehende Schülerselbstverwaltung. In "Abendaussprachen", an denen Schüler, Lehrer, Angestellte und Werkmeister teilnahmen, wurden alle Fragen des praktischen Alltags besprochen und durch Beschlüsse geklärt. Die Schüler hatten dasselbe Stimmrecht wie die Erwachsenen. Die weitgehenden

Mitgestaltungsrechte wurden als Möglichkeit gesehen, bei den Schülern das Verantwortungsgefühl für das Ganze zu entwickeln. Zeitgenossen, die diese Form der unmittelbaren Demokratie erlebt haben, sprachen bewundernd von einer "radikaldemokratischen Inselrepublik".

Der Nationalsozialismus setzte mit seiner rigiden Zentralisierung und dem Führerprinzip der Schülerselbstverwaltung ein Ende. Der freie Geist wurde durch Untertanentreue ersetzt. Nach dem 2. Weltkrieg wurde die Schulfarm Scharfenberg als "normales" staatliches Gymnasium geführt, das sich nur durch ein zugehöriges Internat und durch das Prädikat einer "Schule besonderer pädagogischer Prägung" von anderen Schulen unterschied. Als 1995 wegen der Sparmaßnahmen des Landes Berlin die Schließung der Schulfarm drohte, entwarf eine kleine Gruppe aus Lehrern, Eltern und Schülern ein Reformkonzept, das sich sehr stark an den reformpädagogischen Prinzipien der Gründerzeit orientierte, ohne zu verkennen, dass die Konzepte aus den 1920er Jahren in eine zeitgemäße Pädagogik "übersetzt" werden müssen. Während die Schüler- und die Elternvertretung das Konzept befürworteten, lehnte es die Gesamtkonferenz der Lehrer ab. Die Folge war ein radikaler Bruch mit der Tradition: Das Internat wurde von der Schule abgekoppelt und einem privaten Sozialträger übergeben. Das Gymnasium öffnete sich für Schüler der umliegenden Wohngebiete und gewann dadurch den Charakter eines normalen Berliner Gymnasiums - freilich in schönster Naturlage. Nachdem die Schulfarm Scharfenberg 2006 eine "zentral verwaltete Schule" geworden war, ließ sich der Senat diese Einrichtung etwas kosten. Neue Gebäude (Schulhaus, Gewächshaus, Umkleideraum in der Turnhalle) wurden errichtet. Die Wohnhäuser der Schüler wurden grundsaniert und modernen Wohnstandards angepasst.

Wie steht es heute um die Pädagogik der Schulfarm Scharfenberg? Wird sie dem Charakter einer "Schule besonderer pädagogischer Prägung" noch gerecht? Hat sie das verantwortungsvolle Erbe der Reformpädagogik bewahrt? Vor einigen Jahren hat die Schule ein Unterrichtskonzept eingeführt, das durchaus in der Tradition der Reformpädagogik steht. Sie hat die übliche Teilung in zwei Halbjahre zugunsten eines Trimester-Modells aufgehoben. Der Vorteil lag auf der Hand: Kleine Fächer, die zuvor nur mit einer Stunde pro Woche unterrichtet wurden, erfuhren jetzt eine deutliche Aufwertung. In drei bis vier Unterrichtsstunden konnte der Stoff   intensiver als zuvor vermittelt werden. Am Ende eines Trimesters gab es eine Projektphase (LiaF = „Lernen in anderer Form"), deren Ergebnisse in kleinen Ausstellungen präsentiert wurden. Dieses Trimester-Modell, das eine echte reformpädagogische Errungenschaft darstellt, hat die Lehrerschaft wieder abgeschafft – sehr zum Leidwesen der Schüler, die die Intensität des Unterrichts in den sonst wenig begünstigten Fächern schätzten. Auch die Projekte waren wegen der dabei praktizierten Selbsttätigkeit bei den Schülern beliebt.

2018 untersuchte die Berliner Schulinspektion die die Qualität der Schulfarm Scharfenberg. Der Inspektionsbericht[1] der prüfenden Jury lässt Zweifel aufkommen, ob das gegenwärtige Lehrerkollegium den Erfordernissen einer zeitgemäßen Adaption der reformpädagogischen Tradition gewachsen ist. Der Bericht sieht in dem Beschluss zur Abschaffung des Trimester-Modells eine Kapitulation der Lehrerschaft. Sie zeige einen "unzureichenden Willen, das reformpädagogische Profil der Schule gemeinsam weiterzuentwickeln". Außerdem werde die "reformpädagogische Tradition des Lernens mit ‚Kopf, Herz und Hand' im schulinternen Curriculum inhaltlich nicht aufgegriffen". Hart ins Gericht geht der Inspektionsbericht auch mit der Praxis in einigen Projektgruppen des „LiaF": „Ein dem reformpädagogischen Ideal entsprechendes ‚Lernen in anderer Form' findet nicht durchgehend statt". Als vor einigen Jahren das Internat von der Schule abgekoppelt wurde, haben Kenner der Reformpädagogik dies als pädagogischen „Sündenfall" bezeichnet, weil dadurch das Prinzip der „Einheit von Lernen und Leben" zerstört werde. Diese düstere Prognose hat sich bewahrheitet, wenn man im Inspektionsbericht liest: „Es existiert bei einem Teil des Kollegiums wenig Interesse am Internatsgeschehen". Deshalb könnten die Internatsschüler nicht die schulische Förderung erhalten, die ihnen eigentlich als Internatsbewohner zusteht. Der Inspektionsbericht kommt zu einem deprimierenden Fazit: „Lehrerschaft und Schulleitung der Schulfarm Insel Scharfenberg haben derzeit keine Vision zur Weiterentwicklung der Schule. Es fehlt an einer pädagogischen Grundhaltung, die den besonderen Bedingungen des Standorts entspricht. Langjährig Etabliertes steht zur Disposition".

Das Szenario, das der Bericht über das pädagogische Innenleben dieser Schule enthüllt, ist ein Beispiel dafür, dass man in Traditionsschulen das pädagogische Geschehen nicht den Lehrkräften allein überlassen darf. Das Berliner Schulgesetz verleiht ihnen die Befugnis, über das pädagogische Konzept der Schule weitgehend autonom zu entscheiden. Sie können damit verantwortungsvoll umgehen und die Schule in eine pädagogisch sinnvolle Richtung entwickeln. Sie können eine solche Entwicklung aber auch blockieren. Eltern- und Schülerschaft haben immer schlechtere Karten, wenn die Lehrkräfte die ihnen zugeschriebene pädagogische Kompetenz gegen sie ausspielen. Das lehren die Entscheidungsprozesse des Jahres 1997, als die Lehrkräfte die reformwilligen Eltern und Schüler durch ihr Veto ausbremsten. Für Schulen mit einer ehrwürdigen Tradition sehe ich nur einen gangbaren Weg: Wenn die Schulbehörde ihre Tradition als erhaltenswert erachtet, muss sie ein Grundkonzept ausarbeiten und den Lehrkräften, die an der Schule arbeiten wollen, als verbindliche Arbeitsgrundlage vorgeben. Eine über Jahrzehnte gewachsene Schulkultur ist ein Kulturgut, das man nicht Interessengruppen - und die Lehrerschaft ist eine solche - ausliefern sollte. Die Reformpädagogik hat der deutschen Pädagogik so viele gute Konzepte geschenkt, dass sie es wert ist, als kulturelles Erbe unter geistigen Schutz gestellt zu werden. Eine solche konzeptionelle Vorgabe engt den pädagogischen Spielraum von Schulleitung und Kollegium keineswegs ein. Sie können noch genügend Fantasie und pädagogisches Geschick aufbringen, um die bewährten Konzepte aus der Gründerzeit mit einer zeitgemäßen Pädagogik zu verbinden. Dass dies gelingen kann, zeigen die privaten Landerziehungsheime, die die lange Zeit von der Gründungsphase der Reformpädagogik bis heute überdauert haben und immer noch hervorragende Arbeit leisten.

1. https://digital.zlb.de/viewer/metadata/16343902/1/-/

Berlin, 2019

Großer Künstler, inspirierter Pädagoge

Zum 5-jährigen Todestag von Siegfried Kühl (1929-2015)

Am 27. Juli 2015 jährte sich zum fünften Mal der Todestag des Künstlers und Pädagogen Siegfried Kühl. Ich hatte als Lehrer das Glück, Siegfried Kühl noch einige Jahre an seiner 40-jährigen Wirkungsstätte, der Schulfarm Insel Scharfenberg in Berlin-Reinickendorf, erleben zu dürfen. Schon nach wenigen Begegnungen war mir klar, dass Siegfried Kühl das verkörpert, was man einen Vollblut-Pädagogen nennt. Sein Umgang mit den Schülern war rau, aber herzlich. Stets hatte er eine Schar von Schülern um sich, denen er Geschichten erzählte oder ein künstlerisches Extempore vermittelte. Kühl hatte, was einen großen Pädagogen auszeichnet: überragendes fachliches Wissen und eine menschliche Art der Ansprache, Professionalität gepaart mit Empathie. Wer von ihm in Kunst unterrichtet wurde, zog daraus Gewinn für sein ganzes Leben.

Legendär waren Kühls Pleinair-Malunterweisungen am Strand von Scharfenberg oder vor einem der vielen knorrigen Baumriesen im Wald. Den 7-Klässlern, die in der Grundschule gelernt hatten, einen See als blaue Fläche mit weißen Segelbooten zu malen, zeigte er, dass das Wasser im Tegeler See in allen Farben schillert, weil es den Untergrund abbildet oder die Wolkenformationen spiegelt. Verblüffend für die Schüler war auch seine Frage: "Seht ihr das Rot im Himmel?" - Auch der Himmel schimmert in vielen Farben, nur selten ist seine Farbe reines Blau. Unvergessen bleibt eine Abiturfeier, bei der ein Schüler Siegfried Kühl ein selbst verfertigtes Gemälde überreichte: „Segelidyll auf dem Tegeler See" - mit ultramarinblauem Wasser und Segelbooten in reinstem Weiß. Eingeweihte verstanden die Anspielung und schmunzelten über das kokette Geschenk.

Kühl lehrte seine Schüler vor allem das Sehen. Beim gemeinsamen Gang über die Insel oder am Strand entlang sammelten sie Strandgut, Weggeworfenes, Angespültes, um es in kunstvollen Collagen wiederzuverwerten. "Auch aus Abfall kann man Kunst machen", lautete seine Botschaft. Seine eigenen Bilder zeugten von dieser Fähigkeit, Altes und Verbrauchtes in neuer Kombination und in neuem Kontext wieder lebendig werden zu lassen.

Auf der Landzunge am Großen Malchsee in Tegel steht Kühls monumentale Skulptur "Der archaische Erzengel von Heiligensee", die am 1. November 1989 zum Gedenken an den 100. Geburtstag der Grafikerin und Collagekünstlerin Hannah Höch, die lange in Berlin-Heiligensee lebte, eingeweiht wurde. Auch diese Skulptur ist ein Resultat der Wiederverwertung von Fundstücken. Ein ehemaliger Bootsrumpf, ein altes Räderwerk aus Metall und morsche Planken wurden von Kühl zu einer Engelsgestalt zusammengefügt, die in Bronze gegossen auf einem Granitsockel thront.

Scharfenberger Waldimpression, Aquarell (R.W.)

Ich erinnere mich an Lehrerkonferenzen, die sich manchmal unangenehm in die Länge zogen. Kühl hatte keine Langeweile. Da seine Zeichenhand nie ruhen konnte, verewigte er reihum die Konterfeis der lieben Kollegen in seinem Zeichenblock. Nicht alle Portraits waren schmeichelhaft. Das satirische Element war dem Künstler Kühl durchaus nicht fremd.

Als ich Kühl in den Sommerferien in seinem Freiluft-Atelier an einem Fluss auf der Insel Korsika besuchte, wurde ich Zeuge einer spontanen Malaktion. Nach dem Essen im Gasthof zückte er einen schwarzen Kugelschreiber und zeichnete das Portrait einer alten Frau, die uns gegenübersitzend an einem Glas Rotwein nippte, auf die papierne Tischdecke. Die Konturen des Gesichts schattierte er mit den Resten seines Espresso, die er mit der Fingerkuppe auf das Papier auftrug. Unter das Bild schrieb er: "Die alte Korsen-Oma putzt zum letzten Mal ihre Brille". Ich lieh mir in der Küche des Restaurants ein scharfes Messer und schnitt das Gemälde aus der Tischdecke. Es ziert heute noch - schön gerahmt - eine Wand meines Arbeitszimmers. Kein Mensch würde erahnen, unter welch spontanen und improvisierten Umständen das Werk entstanden ist: Kunst, entstanden aus dem Moment heraus!

Siegfried Kühl war ein universell gebildeter Mensch. Über das "Forellenquintett" von Franz Schubert konnte man mit ihm genauso gut reden wie über die Novelle "Tod in Venedig" von Thomas Mann. Oft stellte er seine Malerei in den Kontext von Literatur. So entstand der Bildband "Caput

Mortuum", in dem er seine Schädelbilder mit Todes-Gedichten von Angelus Silesius bis Nelly Sachs umgab.

Als Mensch blieb Siegfried Kühl immer bescheiden. Seine Auszeichnungen und sein wachsender Ruhm ließen ihn stets der bleiben, der er war: ein zugänglicher, zugewandter und humorvoller Zeitgenosse. Kühl hatte auch keine Scheu vor Königsthronen. Als Fachbereichsleiter für Kunst an der Schulfarm Scharfenberg reichte er seine Abituraufgaben auch dann noch handschriftlich ein, als die Maschinenschrift längst Pflicht war. An seiner kalligrafischen Handschrift konnte selbst ein Oberschulrat keinen Anstoß nehmen. Amtliche Schreiben unterschrieb er nicht mit "Studiendirektor Kühl", sondern mit "Zeichenlehrer Kühl", wodurch er diesen Begriff aus alter Zeit wieder zu Ehren brachte.

Eine Woche vor Pfingsten findet auf der Insel Scharfenberg immer der „Tag der Alten" statt, an dem sich ehemalige Schüler und Lehrer treffen, um sich über ihre Erlebnisse auf der Insel Scharfenberg auszutauschen. Bei diesem Treffen war Siegfried Kühl immer zugegen, um seine Schüler, die ihm ans Herz gewachsen waren, wiederzusehen und sie nach ihrem beruflichen Werdegang zu befragen. Seit seinem Tod liegt Wehmut über dem Ehemaligentreffen. Siegfried Kühl bleibt in Gedanken anwesend: Schüler und Lehrer erzählen sich Geschichten über die mit dem großen Künstler und Pädagogen gemeinsam verbrachte Zeit. Wenn die Schulfarm Scharfenberg nach 1945 je einen Lehrer hatte, der den Geist der Reformpädagogik ideal verkörperte, dann war es Siegfried Kühl.

Berlin, 2020

Siegfried Kühl

Bienen haben Vorfahrt

Zur Aktualität der Reformpädagogik heute

Im Sommer 1989 kam ich als Lehrer an die Schulfarm Scharfenberg. Schon nach wenigen Wochen hatte ich eine überraschende Begegnung mit dem ganzheitlichen Bildungsansatz der Schule. Für eine erkrankte Kollegin hatte ich eine Englisch-Klausur zu beaufsichtigen. Mitten in der Stunde schrillte eine hohe Klingel. Drei Schüler sprangen auf und verließen fluchtartig den Raum. Ich fragte die anderen Schüler, was das zu bedeuten habe. Eine Schülerin klärte mich auf: Dies sei die Imker-Klingel gewesen. Bestimmt sei ein Bienenvolk ausgeschwärmt und müsse jetzt von den Mitgliedern der Imkerei wieder eingefangen werden. Die entflohenen Schüler kamen nicht wieder zurück. Beim Mittagessen in der Mensa fragte ich etwas indigniert den Schulleiter, ob es rechtens sei, dass die Schüler wegen der Bienen die Klausur abgebrochen haben. Er meinte schmunzelnd: "Lieber Kollege Werner, an eines müssen Sie sich gewöhnen: An unserer Schule haben die Bienen Vorfahrt." - Dieser Vorfall war für mich eine Art Paulus-Erlebnis im Umgang mit der Reformpädagogik. Ich lernte das Engagement der Schüler außerhalb des Unterrichts schätzen, weil ich sah, mit welcher Begeisterung und Verantwortung sie ihre Aufgaben in den Werkstätten, die bei uns altertümelnd "Innungen" hießen, wahrnahmen und wie sie dabei in ihrer Persönlichkeit reiften. Manchmal hätten wir uns gewünscht, dass sie sich im Unterricht mit derselben

Begeisterung einbringen, wie sie es in den praktischen Projekten taten. Diese Episode zeigt, dass zu meiner Zeit auf Scharfenberg das reformpädagogische Erbe der Schule noch weitgehend intakt war.

Wie alles anfing

Das pädagogische Konzept der Schulfarm Scharfenberg verdankt sich einem Pfingsterlebnis. An Pfingsten 1918 unternahm ein kleiner Zirkel von Primanern des Humboldt-Gymnasiums in Berlin-Mitte mit ihrem Lehrer, dem jungen Studienrat Wilhelm Blume, eine Pfingstfahrt in den Hohen Fläming. Im Park von Schloss Wiesenburg zelteten die Gymnasiasten zünftig und diskutierten am Lagerfeuer über die Gründung einer *"weltverbessernden Idealschule"*[1]. Der damals beteiligte Schüler Wilhelm Richter beschreibt diese Schule so: *"In der Schule soll neben der Wissenschaft besonders die Kunst gepflegt werden, da sollten die Schüler Ställe ausmisten lernen und den Laokoon lesen, Stiefel besohlen und Cellokonzerte geben."*[1] Der Bericht über das Treffen endet pathetisch mit der Aufforderung: *"Schüler und Lehrer! Vereinigt Euch zur Idealschule!"* [1]

Bienenhaus

Diese Vision ließ die Schüler nicht mehr los. Ein Jahr später bezogen sie während der Sommerferien mit einigen Lehrern ein leerstehendes Waldarbeiterhaus bei Stolpe nordwestlich von Berlin und gründeten das "Schulgemeindehaus" des Humboldt-Gymnasiums. Die Schüler und Lehrer, die dort gemeinsam ihre Ferien verbrachten, verstanden sich als "Selbsterziehungsgemeinschaft", die - inspiriert von der Jugendreformbewegung und dem Wandervogel - Leben und Lernen in der Gemeinschaft erproben wollte. Vorbild war die Arbeiter- und Bauern-Schule auf dem Gut „Jasnaja Poljana" des russischen Schriftstellers Leo Tolstoi. Diese Schule, „Reich der Kinder" genannt, wurde von den Schülern selbst verwaltet. Die Lehrer waren angehalten, sich so wenig wie möglich in ihre Entscheidungsprozesse einzumischen. Dieser Gedanke stand auch bei Wilhelm Blumes Schulgründung Pate. Bald reifte in Blume und seinen Schülern der Wunsch, aus der Sommerschule eine Dauereinrichtung zu machen. Durch Vermittlung einer progressiven Jugendstadträtin erhielt die Gruppe die Erlaubnis, in der leerstehenden Villa des ehemaligen Besitzers der Insel Scharfenberg, Carl August Bolle, den Probebetrieb für eine Schule einzurichten. Am 30. 4. 1921 bezogen drei Lehrer und 22 Schüler einer 10. Klasse auf der Insel Quartier und kehrten erst bei Anbruch des Herbstes in ihre Stammschule zurück. In den Sommermonaten des Jahres 1921 entstand die Blaupause für das spätere Schulkonzept der Schulfarm Scharfenberg. Wissenschaftlicher Unterricht und Arbeit für die Gemeinschaft bildeten eine Einheit, das Lernen erfolgte aus der lebendigen Anschauung der Umgebung: *"Kommet, wir wollen im Grünen lagern, nicht aus Büchern, sondern an den Sachen selbst lernen."*[2] Wilhelm Blume und seine Sommerschüler hatten so viel Gefallen an ihrer Inselschule gefunden, dass sie sie unbedingt als Dauerschule etablieren wollten. Das Vorhaben gelang, weil die damalige Berliner Schulverwaltung nach dem Zusammenbruch des Kaiserreichs für grundlegende Reformen aufgeschlossen war. Am 4. Mai 1922 nahm die Schulfarm Scharfenberg mit drei Lehrern und 21 Schülern den Schulbetrieb auf. Die Schüler waren Sekundaner, also Zehntklässler, und stammten aus unterschiedlichen Berliner Schulen.

Philosophische Wurzeln der Reformpädagogik

Die Reformpädagogik geht zurück auf das Erziehungskonzept Wilhelm von Humboldts. Von ihm stammt der Satz: *"Auch Griechisch gelernt zu haben, könnte dem Tischler ebenso wenig unnütz sein, als Tische zu machen dem Gelehrten."*[3] Der preußische Bildungsreformer versteht unter Bildung nicht in erster Linie Ausbildung für einen Beruf, sondern die allseitige Vervollkommnung des Menschen, heute würden wir sagen: Persönlichkeitsbildung. Schon als 25-Jähriger beschreibt Wilhelm von Humboldt, was er sich unter Bildung vorstellt. In seiner staatspolitischen Schrift "Ideen zu einem Versuch, die Grenzen der Wirksamkeit des Staates zu bestimmen" heißt es: *"Der wahre Zweck des Menschen ist die höchste und proportionierlichste* [alles einbeziehende] *Bildung seiner Kräfte zu einem Ganzen."*[4] Ganzheitlichkeit ist für ihn ein Wesensmerkmal des erzieherischen Einwirkens auf das Kind. Nur die Weckung aller Sinne könne die seelisch-geistige Harmonie eines Kindes bewirken, die ihm als menschlichem Wesen zukommt. Alles Wissen, das das Kind im Bildungsprozess erwirbt, diene dazu, seine Person zu bereichern, seinem Welt- und Selbstverständnis neue Dimensionen zu erschließen. Bildung müsse deshalb Allgemeinbildung sein, weil nur so alle Interessen und Neigungen eines Kindes befriedigt werden können. Schulische Bildung solle sich deshalb nicht zu früh in Spezialisierungen verlieren, nicht zu früh durch Zwecksetzungen gesellschaftlicher Art von der *„wahren Menschenbildung"* - so Humboldt - abgelenkt werden.

Humboldts Postulat der Ganzheitlichkeit der Bildung stand bei der Begründung der Reformpädagogik genauso Pate wie das berühmte Motto des Schweizer Pädagogen Johann Heinrich Pestalozzi "*Lernen mit Kopf, Herz und Hand*". Neben das kognitive Verstehen tritt die Entwicklung der körperlichen, vor allem der manuellen Fähigkeiten des Kindes. Beides zusammen formt die Persönlichkeit der Kinder und Jugendlichen. Die Reformpädagogen wussten, dass nur starke Persönlichkeiten in der Lage sind, im Strudel des Lebens ihren Mann oder ihre Frau zu stehen. Ihr Lieblingswort war deshalb Goethes Lobpreis auf die Persönlichkeit aus seinem Gedichtzyklus "Westöstlicher Diwan": "*Höchstes Glück der Erdenkinder / Sei nur die Persönlichkeit.*" - Der Wesenskern der Persönlichkeit sei in jedem Menschen schon von klein an angelegt, er müsse nur durch die helfende und leitende Hand des Pädagogen zum Erblühen gebracht werden. "*Werde, der du bist!*" - dieses Wort von Friedrich Nietzsche wurde zum Leitfaden einer Pädagogik, die die Kinder nicht mehr nach den Regeln der Gesellschaft modeln, sondern ihnen den Weg ins Offene, in eine freie Selbstbestimmung zeigen wollten.

Das pädagogische Konzept der Schulfarm Scharfenberg

Die Gemeinschaftsarbeit

Die für die Anfangszeit der Schulfarm Scharfenberg typische Gemeinschaftsarbeit war der wirtschaftlichen Not geschuldet, in der sich das Deutsche Reich und Berlin nach dem verlorenen Ersten Weltkrieg befanden. Nach Bekunden des

Schulgründers Wilhelm Blume hätte die Schulfarm das Inflationsjahr 1923 nicht überstanden, wenn es nicht Lebensmittelspenden von wohlhabenden Gönnern, wie von Borsig, Rathenau und den Quäkern gegeben hätte. Da die Schule außer den Lehrkräften und der Köchin über kein Personal verfügte, war die *„Eigenwirtschaft in größerem Umfange (...) eine Lebensnotwendigkeit"* [5] - Da sie auch nach Bestehen der ersten schweren Prüfung der Jahre 1922/1923 beibehalten wurde, wurde Gemeinschaftsarbeit zu einem Wesenszug der Schulfarm Scharfenberg. Die Landwirtschaft wurde 1923 auf eine professionelle Stufe gehoben, als ein diplomierter Landwirt eingestellt werden konnte. Die Gemeinschaftsarbeit hatte verschiedene Ausprägungen. Es gab die täglichen Dienste, wie z.B. den Küchendienst, der der Köchin zur Hand ging, und den Fährdienst, der Menschen und Material an der Scharfenberger Enge übersetzte. Da es keine Motorfähre gab, stakten Schüler mit langen Holzstangen die kleinen Fährboote und die große Wagenfähre über den See. Die zweite Form der Gemeinschaftsarbeit waren die „Ämter", die von der „Abendaussprache", dem höchsten Beschlussgremium der Schule, vergeben wurden. Die Amtsinhaber wurden „Beamte" genannt. 1923 gab es 20 Beamte mit unterschiedlichen Funktionen. Die Aufgabenbereiche spiegelten die wirtschaftliche Situation der Schulfarm wider. Der „Brotkartenwart" sammelte die Brotkarten der Inselbewohner und verhandelte beim Broteinkauf mit dem Bäcker von Tegelort. Der „Hühnerwärter" hatte die Aufsicht über die Hühnerfarm. Er fütterte die Hühner, sammelte die Eier ein und bediente den Brutapparat. Der „Postagent" verteilte die

Post. Einmal am Tag radele er zur Poststelle nach Tegelort, um die Dienst- und Privatpost abzuholen und abzugeben. Er hatte die Befugnis, Überweisungen zu tätigen und Briefmarken zu kaufen. Der „Zeitungsberichterstatter" hielt bei jeder Mittagsmahlzeit ein Referat über die wichtigsten politischen Ereignisse. Der „Läutenant" (treffendes Wortspiel) bimmelte mit der Schulglocke, um den Rhythmus der Schulstunden anzuzeigen. Auch die Mahlzeiten wurden mit einem Glockensignal eingeläutet. Eine weitere Form der Gemeinschaftsarbeit waren vier Arbeitsstunden an jedem Mittwochnachmittag. Besonders häufig rückten die Schüler zum „landwirtschaftlichen Hilfsdienst" aus und gingen dem Landwirt bei den jahreszeitlich bedingten Arbeiten zur Hand. 1925 wurde durch Mehrheitsbeschluss entschieden, den Mittwochsarbeitsdienst in festen Arbeitsgruppen abzuleisten. So entstanden eine Schlosser-, Maler-, Tischler-, Gärtner- und eine Landwirtschaftsgruppe. Außerdem wurde eine Inselfeuerwehr gegründet, die der Tegelorter Feuerwehr angegliedert wurde. Die Folge dieser Spezialisierung der Tätigkeiten war eine Verbesserung der hergestellten Produkte. Wilhelm Blume schrieb der Gemeinschaftsarbeit jenseits aller wirtschaftlichen Notwendigkeit eine wichtige pädagogische Funktion zu, ja er maß ihr eine ethisch-sittliche Bedeutung für den Charakter die Heranwachsenden bei. In einer 1945 verfassten Denkschrift zitiert Blume einen Schüler, der in einer Diskussion über die Gemeinschaftsarbeit voller Pathos ausrief: *„Nicht Gefühl oder Geist, Arbeit bringt Gemeinschaft."*[6] Dieses Zitat aus Schülermund gibt den Geist von Scharfenberg, wie er in den Anfangsjahren bestand, authentisch wieder. Wilhelm Blume hat das Ethos der Gemeinschaftsarbeit stets hochgehalten. Er war stolz darauf, dass seine Schüler *„mit der gleichen Feierlichkeit zum Heuen wie zum Homerunterricht* [gehen]."[6]

Wirtschaftshof

Die Selbstverwaltung

Der Gründer der Schulfarm Scharfenberg hatte von Anfang an die Absicht, die Schüler an der Gestaltung des Insellebens teilhaben zu lassen. Die Gesamtheit der Inselbewohner – also Schüler, Lehrer und Angestellte – sollte *„Träger des Gemeinschaftslebens"*[6] (Blume) sein. Oberstes Beschlussgremium wurde die Vollversammlung aller Inselbewohner, für die sich der Name „Abendaussprache" einbürgerte. Die Teilnahme war verpflichtend, jedes Mitglied hatte gleiches Stimmrecht. Diskutiert wurden alle Probleme, die die Gestaltung des Gemeinschaftslebens betrafen. Dazu kamen Fragen des Unterrichts, die in pädagogischen Debatten geklärt wurden. Ausgenommen von der Beschlussfassung waren finanzielle Fragen. Vorbereitet und geleitet wurde die Abendaussprache von einem „Ausschuss", dem ein Lehrer und zwei Schüler angehörten. Blume verzichtete bewusst auf seine Mitgliedschaft im Ausschuss, um die unbefangene Diskussion nicht durch seine dominante Funktion als Schulleiter zu beeinflussen. Die Abendaussprache unterschied in ihren Diskussionen zwischen geschriebenen und ungeschriebenen Gesetzen. Unter den geschriebenen verstand man die Regeln, die Schulen gemeinhin in der Hausordnung niederlegen, die es aber auf der Insel nicht gab. Darunter fielen die Regelungen des Tagesablaufs, des Stundenplans, der Mahlzeiten und der Fährordnung. Dann gab es die allgemeinen Verhaltensregeln, die nicht in Gesetzesform gegossen wurden, von denen man aber erwartete, dass sie aus eigener Verantwortung, aus moralischer Verpflichtung eingehalten wurden. Ein Schüler vermerkte dazu im Protokoll der Abendaussprache vom 30. 8. 1923: *„Den Übertreter des ungeschriebenen Gesetzes strafe man mit Verachtung."*[7] Die Berichte von Schülern, die an den Abendaussprachen beteiligt waren, belegen, dass sich die Schüler tatsächlich für die Belange der Gemeinschaft verantwortlich fühlten: *„Es bestand von Anfang an die heiligste Scheu vor den ´ungeschriebenen Gesetzen`."*[8] Wie sehr in den Abendaussprachen die Auffassungen aufeinanderprallten, zeigt das Protokoll der Abendaussprache vom 1. 7. 1925. Blume hatte den Vorschlag eingebracht, die Insel zu elektrifizieren, um sich von den qualmenden

Petroleumlampen verabschieden zu können. Zwei Schüler stellten einen Gegenantrag, mit dem sie die Petroleumlampen verteidigten. Das elektrische Licht störe die gemeinschaftsbildende Geselligkeit und sei ein Zeichen eines kalten Materialismus. Blume hielt dagegen: Das elektrische Licht würde vor allem im Unterricht für die nötige Helligkeit sorgen. Vielleicht dachte Blume daran, dass Aufklärung im Englischen „Enlightenment" heißt. Bei der anschließenden Abstimmung siegte der Fortschritt mit 48 zu 5 Stimmen.

Die Abendaussprache wählte die „Beamten" und sprach ihnen, wenn sie ihrem Amt nicht gerecht wurden, das Misstrauen aus, was die Suspendierung vom Amt zur Folge hatte. Schüler, die sich gegen das Gemeinschaftsleben vergangen hatten, bekamen eine „öffentliche Missbilligung". Solchen Schülern konnte auch das Stimmrecht bei der Abendaussprache entzogen werden. Die härteste Strafe war der Ausschluss aus der Inselgemeinschaft. Diese Schüler mussten die Schulfarm Scharfenberg wieder verlassen. Für Blume war der Ausschluss aus der Schulgemeinschaft kein Werturteil über den Menschen, sondern eine Frage der charakterlichen Verträglichkeit mit den besonderen Anforderungen des Gemeinschaftslebens. Er sah in der Schulfarm eine *„Gesinnungsgemeinschaft (…) solcher, die nach ihrer seelischen Eigenart (…) sich mitverantwortlich fühlen für die Neubildung menschlicher Beziehungen und Werte."*[9] Hier ist der lebensreformerische Impetus des Gründers der Schulfarm Scharfenberg unverkennbar.

Das Verantwortungsgefühl der Schüler war so groß, dass Blume 1928 rückblickend konstatieren konnte, in den Abendaussprachen sei seit der Gründung der Schulfarm noch nie ein falscher Beschluss gefasst worden. Den hohen Ernst, den Schüler und Lehrer diesem Instrument direkter Demokratie beimaßen, kann man auch daran ablesen, dass die Sitzungen von musikalischen Darbietungen umrahmt wurden. Es konnte auch vorkommen, dass alle gemeinsam ein Lied anstimmten.

Um die Eltern in die Entscheidungsprozesse der Schulfarm einzubeziehen, wurde bereits im Gründungsjahr 1922 die „Schulgemeinde" geschaffen. Sie bestand aus den Mitgliedern der Abendaussprache und den dazukommenden Eltern. Sie tagte, wiederum umrahmt von musikalischen Beiträgen, am Sonntagnachmittag. Wichtigste Beschlusspunkte waren Wirtschafts- und Finanzfragen, darunter auch die Festlegung des Verpflegungssatzes. Dieser wurde von den Eltern und den Lehrern nach der Höhe des Einkommens gestaffelt entrichtet. 1924 wurde der „Verein der Freunde der Scharfenbergschulidee" gegründet. Mit seinen Finanzmitteln unterstützte er Schüler aus sozial bedürftigen Elternhäusern und finanzierte das Material für die Werkstätten. Der Verein setzte es sich auch zum Ziel, die Schulidee von Scharfenberg weiterzutragen.

Wilhelm Blume, Kohlezeichnung von Siegfried Kühl

Der Unterricht

Der Unterricht in der Schulfarm Scharfenberg bot das denkbar deutlichste Kontrastprogramm zur Schule im wilhelminischen Kaiserreich. Dort war der Unterricht geprägt von strenger Disziplin und rigidem Leistungsdruck. Den Schülern wurde eine immense Stofffülle durch Drill und ein riesiges Hausaufgaben-Pensum mehr eingetrichtert als verständlich vermittelt. Die heute übliche Methode des selbstständigen Erarbeitens des Lernstoffes durch die Schüler war völlig unbekannt. Dem Drill der autoritären Paukschule setzte Wilhelm Blume einen Unterricht entgegen, der bei der Vermittlung des Lernstoffes die Interessen der Schüler und ihre Aufnahmefähigkeit berücksichtigte. 1902 erschien das Buch „Das Jahrhundert des Kindes" der schwedischen Pädagogin Ellen Key in deutscher Übersetzung. Es hat die Reformpädagogik nachhaltig beeinflusst. In der Folge gestalteten alle Reformschulen den Unterricht so, dass er vom Kinde aus gedacht und auf dessen Wahrnehmungsfähigkeit abgestellt wurde. Diese Anschauungspädagogik, die auf Pestalozzi zurückgeht, ist in der heutigen Schule nicht mehr wegzudenken.

In der Schulfarm Scharfenberg war das auffallendste Merkmal des Unterrichts in der Mittelstufe der „Gesamtunterricht". Er verband die Stoffinhalte der Fächer Deutsch, Geschichte und Religion zu einem integrierten Unterricht. Bei manchen Themen traten noch die Fächer Erdkunde, Biologie, Philosophie und Kunst hinzu. Der Gesamtunterricht fand in der Regel nach Jahrgängen getrennt statt, konnte aber bei bestimmten Themen auch jahrgangsübergreifend organisiert werden. Ein Unterrichtsthema wurde, wie ehemalige Schüler berichten, je nach Ergiebigkeit Wochen, Monate, bis zu einem Jahr lang behandelt. Ziel war immer ein Produkt, in dem sich die intensive Beschäftigung mit den Gegenständen manifestierte. Beliebt waren Vorträge, Ausstellungen und Theateraufführungen.

Viele Themen des Gesamtunterrichts entstanden aus dem Lebenszusammenhang der Schulgemeinschaft. Das Thema „Landwirtschaft und Bauerntum" drängte sich auf, weil alle Schüler in der Landwirtschaft tätig waren. Im Unterricht wurde die Geschichte der Anbaumethoden vom Mittelalter bis zur Gegenwart erarbeitet (Biologie, Geschichte, Geografie); es wurde die Effektivität der Fruchtfolgen untersucht (dito); es wurden Novellen und Romane gelesen, die die bäuerliche Lebenswelt beschreiben (Deutsch, Geschichte); es wurde die Entwicklung und Funktionstüchtigkeit landwirtschaftlicher Geräte und Maschinen untersucht (Physik, Geschichte).

Die Fächer Mathematik und Fremdsprachen wurden in der Schulfarm in traditioneller Weise unterrichtet. Ihr Unterricht war jahrgangsgebunden und nur auf das Fach konzentriert. Staatsbürgerkunde wurde in den Gesamtunterricht integriert, wobei Blume die Meinung der Reformpädagogik vertrat, dass man zum Demokraten nicht durch die abstrakte Vermittlung der Grundsätze der Demokratie werde, sondern durch das demokratisch organisierte Gemeinschaftsleben. Für Blume war die Abendaussprache die wahre Schule der Demokratie.

In der Scharfenberger Oberstufe gab es den „Kern-Kurs-Unterricht". Der Kernunterricht hatte die Aufgabe, den Schülern ein Fundament an Allgemeinbildung zu vermitteln, auf dessen Grundlage dann die Spezialisierung im Kursunterricht stattfinden konnte. Fundament des Kernunterrichts war der „Kulturunterricht", der zehn Wochenstunden umfasste. In ihm flossen Stoffinhalte der Fächer Deutsch, Geschichte, Philosophie, Kunst, Musik und Staatsbürgerkunde zusammen. Er war die Fortführung des Gesamtunterrichts aus der Mittelstufe. Die Vermittlung des Stoffes konnte sowohl chronologisch in Verfolgung des Geschichtsverlaufs und der Literaturgeschichte als auch in thematischen Längsschnitten erfolgen. Um sich über den Lernstand der Schüler zu orientieren, mussten sie nach Abschluss eines Themas „Rechenschaftsberichte" verfassen. Auch Klassenaufsätze waren möglich. Diese Schülerarbeiten wurden nicht wie in normalen Schulen üblich vom Lehrer korrigiert und mit einer Zensur versehen. Sie wurden im Kurs vorgelesen und von allen Schülern kommentiert. Danach wurde in gemeinsamer Diskussion ein Werturteil abgegeben und schriftlich niedergelegt. Zusätzlich gab es noch „Quartals- und Halbjahresarbeiten", in denen die Schüler eine komplexe Fragestellung eigenständig erarbeiteten. Um ihnen Zeit für die Vertiefung in die Thematik und für Recherchen in der Bibliothek zu geben, wurden Studientage eingeführt. An diesen Tagen waren die Schüler von der Gemeinschaftsarbeit befreit. Für Blume bedeuteten diese Arbeiten einen Einstieg der Schüler in die Beherrschung wissenschaftlicher Arbeitsmethoden. Die

Themen, die die Schüler wählten, waren anspruchsvoll. Hier zwei Themenbeispiele:

- „Luthers Stellung zum Geld anhand seiner Schriften" (Heinz Röhrborn, 1923)

- „Kleists Psyche in seinen Briefen" (Hans-Alfred Kraemer, 1923/1924)

Der Kursunterricht bot den Schülern die Möglichkeit, sich auf ein Gebiet zu konzentrieren, das ihren Fähigkeiten und Neigungen entsprach. Blume ging davon aus, dass die Beschäftigung mit einem geliebten Spezialgebiet der geistigen Entwicklung eines Schülers besonders förderlich sei. Auch für die Formung der Persönlichkeit sei sie günstig. Ein Aufnahmetest stellte sicher, dass der Schüler ein Grundverständnis für das gewählte Fach besaß und dass er selbstständig arbeiten konnte. Die Neigungskurse verteilten sich auf alle denkbaren Fächer: auf die alten und neuen Sprachen, auf Deutsch, Geschichte, Kunst und auf die Naturwissenschaften. Die Wochenstunden schwankten je nach Fach zwischen sechs und 12 Stunden. Die Kurse konnten, wenn es fachlich geboten erschien, auch zusammenarbeiten. Dies geschah besonders dann, wenn Lehrer und Schüler zu Exkursionen aufbrachen. Dann hatten die Kurse die Aufgabe, die Schüler mit dem Ausflugsziel vertraut zu machen. Überliefert sind Fahrten in den Harz, nach Hamburg und nach „Ostfalen", also in das heutige Sachsen-Anhalt.

Brutale Zäsur: Die Zeit des Nationalsozialismus

Der Nationalsozialismus setzte mit seiner rigiden Zentralisierung und dem Führerprinzip der Schülerselbstverwaltung ein jähes Ende. Der Unterricht wurde an den ideologischen Vorgaben des Regimes – Nationalismus, Germanenkult, Rassenlehre – ausgerichtet. Der HJ-Dienst diente mit körperlicher Ertüchtigung und paramilitärischer Ausbildung der Vorbereitung der Jugendlichen auf den Krieg. Ab November 1940 wurden Schüler und Lehrer der Schulfarm im Rahmen der Kinder-Land-Verschickung (KLV) in vermeintlich bombensichere ländliche Regionen Deutschlands ausgelagert. Sie wurden in Hotels untergebracht, die während des Krieges keine Gäste mehr hatten. Bis zur Kapitulation der Wehrmacht am 8. Mai 1945 kehrten Schüler und Lehrer der Schulfarm Scharfenberg nicht mehr auf die Insel zurück.

Die Schulfarm Scharfenberg nach 1945

Am 15. September 1945 nahm Wilhelm Blume den Unterrichtsbetrieb auf der Insel Scharfenberg wieder auf. Der erste Nachkriegsjahrgang bestand aus 70 Jungen. Zu Ostern 1946 kamen zum ersten Mal Mädchen hinzu. Damit begann in der Schulfarm die Koedukation. Als Blume 1946 zum Gründungsdirektor der Pädagogischen Hochschule von Berlin ernannt wurde, gab er den Staffelstab der Leitung an den ehemaligen Schüler der Schulfarm, Heinrich Scheel, weiter. Da Scheel der kommunistischen SED angehörte, war er nach der politischen Spaltung Berlins im Dezember 1948 als Schulleiter im Westteil der Stadt nicht mehr tragbar. Heinrich Scheel beteiligte sich mit einigen kommunistischen Schülern und Lehrern an einer Gegengründung zur Schulfarm Scharfenberg in der sowjetisch besetzten Zone. Scharfenberg-Ost hatte seinen Sitz zuerst in Dölln Krug südlich von Templin, später in Himmelpfort bei Fürstenberg. Schon 1952 wurde die „Schulfarm Scharfenberg/ Himmelpfort", wie die Schule im amtlichen Schriftverkehr genannt wurde, wieder aufgelöst. Der freie Scharfenberger Geist, den die „Sezessionisten" in den Osten mitgenommen hatten, war mit dem strengen Reglement der sozialistischen Einheitsschule wohl doch nicht vereinbar.

1949 übernahm mit Dr. Wolfgang Pewesin ein weiterer ehemaliger Scharfenberger Schüler das Amt des Direktors der Schulfarm. In seiner langen Amtszeit von 1949 bis 1969 prägte er die Schule nachhaltig. Als ehemaliger Scharfenberger Schüler war er mit der Tradition der Schulfarm bestens vertraut. Im Gemeinschaftsleben, bei den „Innungen" und beim ganzheitlich konzipierten Unterricht knüpfte er an die Ägide Wilhelm Blumes an. Bald sprach man von einer „Scharfenberger Renaissance". Gefährdet wurde die reformpädagogische Tradition der Schulfarm durch die zunehmenden Verrechtlichungstendenzen und die technokratischen Schulreformen der 1960er Jahre. Pewesin gelang es immerhin, den Kern der Scharfenberger Schulidee zu bewahren, indem er die Schulfarm als „Schule besonderer pädagogischer Prägung" im Schulgesetz von Berlin verankert konnte.

Die Arbeit des Schulleiters Rudi Müller (1970-1977) stand unter einem ungünstigen Stern. Die politischen Turbulenzen der antiautoritären Studenten- und Schülerbewegung wirkten sich auf der Insel aus und gefährdeten das Scharfenberger Schulkonzept. Gemeinschaftsleben und Unterricht wurden von linksradikalen Schülergruppen politisiert. Schüler verweigerten die sozialen Dienste, Lehrer die Internatsarbeit. Die Fluktuation im Lehrkörper war enorm. Um die Dienste im Internat aufrechterhalten zu können, wurden Sozialpädagogen eingestellt. Damit war die Einheit von Leben und Lernen zerbrochen, die zum Wesenskern der Scharfenberger Schulidee gehört hatte. Es entbehrt nicht einer gewissen Ironie, dass die Proteste der radikalen Schüler bewirkten, dass in der Folge auch in der Schulfarm Scharfenberg die Lehrerkonferenz zum entscheidenden schulischen Entscheidungsgremium wurde. Positiv zu Buche schlägt in der Ära Müller die Theaterarbeit, die er auf der Insel etablierte und die weit in die Schullandschaft ausstrahlte. Rudi Müller war maßgeblich an der Einführung des Faches Darstellendes Spiel in der Berliner Schule beteiligt.

2002 gab es die einschneidendste Veränderung des Scharfenberger Schulkonzepts. Die Schule wurde für externe Schüler geöffnet, die nicht mehr im Internat wohnen mussten. Das Internat selbst wurde von der Schule gelöst und zur Betreuung einem privaten sozialen Träger übergeben. Dadurch wurde die Schulfarm Scharfenberg zu einem normalen Berliner Gymnasium mit gebundenem Ganztagsbetrieb. Die Zahl der im Internat wohnenden

Schüler ist auf ca. 80 gesunken. Damit war das Ende der reformpädagogischen Tradition der Schulfarm Scharfenberg endgültig besiegelt.

Reformpädagogik heute

Im Schuljahr 2005/2006 sorgte eine Berliner Hauptschule bundesweit für Aufsehen: die Neuköllner Rütli-Schule, heute eine Gemeinschaftsschule. Sie hatte damals nur noch 267 Schüler, weil bildungsbewusste Eltern ihre Kinder in Scharen abgemeldet hatten. In einem Brandbrief an den Berliner Bildungssenator verlangten die Lehrkräfte die Schließung der Schule, weil sie der Gewalt durch Schüler nicht mehr standhalten konnten. Dies führte zu einer bundesweiten Debatte über das Schulsystem in Deutschland, über Gewalt an Schulen und die Integration von Kindern mit Migrationshintergrund. Nach der Kapitulationserklärung der Lehrer wurde die Pädagogik der Schule radikal umgestellt. Der neue Schulleiter hatte erkannt, dass die Gewaltausbrüche der Schüler aus dem Gefühl von Schwäche resultieren, aus der Not junger Menschen, die sich abgehängt und vernachlässigt fühlten. Deshalb startete die Schule Projekte, die vor allem dazu dienten, die Persönlichkeit der Schüler zu stärken, ihnen Selbstwertgefühl und Ehrgeiz zu vermitteln. Es gab eine Box-AG, die dazu diente, den Schülern über den Sport Regeln und Werte nahe zu bringen. Es gab eine Musik- und Tanz-AG, die mit Hilfe eines professionellen Regisseurs ein Musical einstudierte. Die Aufführung war grandios und wurde allerseits bestaunt. Es gab eine Siebdruckwerkstatt, in der Schüler T-Shirts mit dem Logo der Schule herstellten. Damit sollte die Identifikation mit der Rütli-Schule und ihrem neuen pädagogischen Geist verstärkt werden. Heute ist die Rütli-Schule eine anerkannte Gemeinschaftsschule, die auch wieder Zuspruch bei bildungsbewussten Eltern findet. Eine Frage drängt sich auf: Warum dient die Reformpädagogik bei uns immer nur als Notfall-Medizin, die zum Zuge kommt, wenn eine Schule mit der herkömmlichen Pädagogik gescheitert ist? Warum gehört sie nicht zur selbstverständlichen pädagogischen Grundausstattung jeder Schule, vor allem auch unserer Gymnasien?

Was können wir von der Reformpädagogik für heute lernen?

Die Nachgeborenen sind gerne geneigt, das Alte über Bord zu werfen, ohne zu prüfen, ob es sich um Wertvolles handelt, das zu bewahren sich lohnte. In dem expressionistischen Maler Franz Marc haben die Bilderstürmer einen prominenten Fürsprecher. Von ihm stammt der Satz: *„Es kommt nicht darauf an, in Traditionen zu leben, sondern Traditionen zu schaffen."* (1912) – Das Zitat verkennt, dass man stets auf Traditionen aufbaut, weil das Neue nie Tabula rasa macht, sondern sich Stück für Stück in die Traditionsbestände einfügt. Gerade in der Pädagogik hat es sich gezeigt, dass einige Grundtatbestände zeitlose Gültigkeit besitzen. Kein vernünftiger Mensch würde z. B. Pestalozzis Definition von Erziehung in Frage stellen:

„Erziehung ist Vorbild und Liebe." So verhält es sich auch mit den Prinzipien der Reformpädagogik. Sie haben eine universelle und überzeitliche Bedeutung, weil sie Grundtatsachen des Kindseins in den Blick nehmen und daraus sinnvolles Handeln des Erziehers und Lehrers ableiten. Die pädagogischen Reformen der letzten Jahre haben mich gelehrt, dass man gegenüber modischen Neuerungen Vorsicht walten lassen sollte. Ich orientiere mich gerne an einem Satz des Philosophen Odo Marquard: *„Das Neue ist gegenüber dem Bewährten begründungspflichtig."* In der Folge werden Aspekte einer Pädagogik benannt, die sich aus der Reformpädagogik ableiten und auch in der heutigen Zeit ihre positive Wirkung nicht verfehlen.

Den Eigenwert der Bildung betonen

Nachdem Wilhelm von Humboldt 1810 das deutsche Gymnasium gegründet hatte, entwickelten sich aus dem Ur-Modell drei Grundtypen: das humanistisch-altsprachliche, das neusprachliche und das mathematisch-naturwissenschaftliche Gymnasium. In den 1970er Jahren gab es eine weitere Auffächerung der fachlichen Profile. Es entstanden das musische, das wirtschaftliche, das technische Gymnasium sowie das Musik- und das Sportgymnasium. Wie die Profilbildung einer Schule auch immer aussehen mag: Im geistigen Kosmos des Wissens müssen alle Lerngegenstände den gleichen Rang genießen. Eine Fuge von Bach analysieren zu können, ist genauso wichtig, wie die Keplerschen Planetengesetze zu verstehen. Ein Bild von Rembrandt deuten zu können, besitzt den gleichen Wert wie die Interpretation eines Gedichtes von Friedrich Hölderlin. Zweckfreiheit der Bildung bedeutet immer, sich dem Eigenwert des jeweiligen Gegenstandes auszuliefern. Ein Impromptu von Schubert am Klavier zu spielen, hat seinen Zweck in sich, bedarf keiner weiteren äußeren Zweckbestimmung. Deshalb gehörten auch die „toten" Sprachen Latein und Alt-Griechisch selbstverständlich zum Bildungskanon des Gymnasiums. Sie zu studieren, war einfach „schön". Sie zu lernen stand noch nicht unter dem Rechtfertigungszwang gesellschaftlicher Zweckbestimmung. Von dem romantischen Dichter Jean Paul stammt das schöne Wort: *"Was für die Zeit erzogen wird, das wird schlechter als die Zeit."*[10] Der Dichter wusste, dass gute Bildung immer einen geistigen Überschuss, eine kleine utopische Verheißung über das Alltägliche hinaus enthalten muss.

Inhalte sind wichtiger als Kompetenzen und Methoden

Die Reformpädagogik geht vom Vorrang des Lerninhalts vor den Vermittlungsmethoden aus. Wilhelm von Humboldt wusste, dass sich Kindern das Verständnis der Welt primär über Wissensinhalte erschließt: *"Was also der Mensch notwendig braucht, ist bloß ein Gegenstand, der die Wechselwirkung seiner Empfänglichkeit mit seiner Selbsttätigkeit möglich mache."*[11] – Im Kulturunterricht der Scharfenberger Oberstufe lernten die Schüler Politik, Gesellschaft und Kultur Europas von der Antike bis zur Gegenwart kennen. Stets stand das Wissen um die historischen Ereignisse im Mittelpunkt. Es wäre den Lehrern der Schulfarm nie in den Sinn gekommen, das Pferd vom Schwanz her aufzuzäumen, wie es die moderne Didaktik tut, wenn sie den Erwerb von Kompetenzen in den Vordergrund rückt oder bestimmte Lernmethoden favorisiert. Im Unterricht der Schulfarm ergaben sie die Kompetenzen von selbst und die Lerngegenstände suchten sich die passenden Lernmethoden. Wie anspruchsvoll der Unterricht in der Scharfenberger Oberstufe war, zeigt der Bericht Blumes[11] über den Kulturunterricht. Die Schüler lasen und diskutierten Schillers Antrittsrede als Professor für Geschichte in Jena und Nietzsches Abhandlung „Vom Nutzen und Nachteil der Historie für das Leben". Im Zeitalter der modernen Didaktik, die den Schülern nur noch mundgerechte Häppchen zumutet, wäre die Besprechung solch schwieriger Texte völlig undenkbar.

Zum Glück nimmt die Zahl der Bildungswissenschaftler zu, die die Rückbesinnung auf Wissensinhalte fordern, weil sie den kompetenzorientierten Unterricht für einen Irrweg halten. So insistiert der Züricher Pädagogikwissenschaftler Roland Reichenbach auf den Primat des Unterrichtsstoffes gegenüber den didaktischen Methoden und Kompetenzen: "*Eine pädagogische Beziehung definiert sich nicht primär über das sogenannte Interesse am Kind, sondern über die Inhalte, die man ihm vermittelt. Die Abwertung des Wissens ist ein großer Fehler. Die Kinder machen es uns vor. Sie interessieren sich für Dinosauriere oder für Flugzeuge. Das sind Stoffe, keine Kompetenzen.*"[12] - Wir müssen den Unterricht wieder an hochwertigen Inhalten ausrichten, weil nur sie in der Lage sind, jungen Menschen die Welt des Wissens zu erschließen. Im Deutschunterricht ist die Interpretation wertvoller und anspruchsvoller Texte unverzichtbar. Denn nur das Beste bildet. Solange es in Deutschland keinen verpflichtenden Literaturkanon gibt, sollten die Fachkonferenzen Deutsch für ihre Schule einen Kanon wertvoller literarischer Werke aufstellten, die mit den Schülern gelesen werden.

Fächerverbindende Projekte verwirklichen

Von dem Reformpädagogen Hartmut von Hentig stammt die Erkenntnis: *„Man lernt besser im Zusammenhang der Dinge.*"[13] Das ist ein Plädoyer für einen Unterricht, der die Erkenntnisse mehrerer Fächer in den Lernprozess der Schüler einbezieht. Vorbild ist die Welterschließung des Kindes, bevor es in die Schule kommt. Wenn die 5-jährige Laura staunend vor einer mächtigen Kathedrale steht, wird ihr die Mutter das Bauwerk aus unterschiedlichen Wissensgebieten erklären. Sie wird ihre Informationen aus der Religion, aus Architektur, Stilkunde und aus der Geschichte schöpfen. Was der Fachunterricht später wieder parzelliert, bildet im Erkenntnisprozess des Kindes noch eine Einheit. Die Reformpädagogen versuchten, möglichst viel von dieser ganzheitlichen Erkenntnismethode im Unterricht zu verwirklichen. Besonders gut gelingt das im Projektunterricht. An einer Hamburger Gesamtschule hatten einige Lehrkräfte eine geniale Idee. Sie erreichten bei der Schulverwaltung und beim Fremdenverkehrsamt, dass die Schüler eines Englisch-Kurses ein halbes Jahr als Fremdenführer englischsprachige Reisegruppen durch die Stadt führen durften. Das dafür nötige Vokabular lernten sie im Englischunterricht, die Kenntnisse über Stadtgeschichte und Architektur in Kunst und Geschichte. Die Schulaufsicht war misstrauisch und verlangte nach Abschluss des Projekts die Evaluation der erworbenen Englischkenntnisse. Die Ergebnisse waren verblüffend. Der Lernzuwachs in englischer Sprachkompetenz fiel deutlich besser aus als bei den Schülern, die Englisch wie gehabt nur im Klassenzimmer gelernt hatten. Hinzu kam ein Zuwachs an Selbstbewusstsein. Es entstand, weil die Schüler ihr Wissen in einem Ernstfall anwenden mussten: Englisch ohne Netz und doppelten Boden. Dieses Beispiel zeigt, dass bei einem klugen Unterrichtsprojekt der Erwerb von Fachwissen und die Entwicklung der Persönlichkeit und Hand in Hand gehen.

Projekte mit außerschulischer Zielsetzung haben eine besondere Qualität. Sie öffnen den Blick von der Schule auf die Welt. Und sie bieten den Schülern altersgerechte Möglichkeiten, sich im Ernstfall zu bewähren, z.B. bei der Unterstützung karitativer, ökologischer oder technischer Organisationen. Die am Bodensee gelegene Internatsschule Schloss Salem unterhält eine Seenotrettungsstation, Nautischer Dienst genannt. Der schuleigene Hafen ist offizieller Stützpunkt der DLRG. Die Schüler können das Rettungsschwimmabzeichen, den Segelschein (Bodensee-Schifferpatent) und den Sportbootführerschein Binnen erwerben. Zu den Aufgaben des Nautischen Dienstes gehören See-Rettung, Ausbildung, Wachdienst am Hafen und die Teilnahme an der alljährlichen Marinekutterregatta der Kieler Woche.

Musische Bildung betonen

Die musisch-künstlerische Bildung unserer Kinder ist in der heutigen Zeit, die von Rationalität, Technologie und digitalen Erlebniswelten gekennzeichnet ist, unverzichtbar. Sie trägt dazu bei, die Wahrnehmungsfähigkeit der Schüler durch sinnliche Erfahrungen zu schärfen. Im kreativen künstlerischen Prozess werden Selbsterforschung und Selbstfindung der Schüler in Gang gesetzt. Künstlerische Betätigung bietet den Schülern Ausdrucksmöglichkeiten, die Fantasie und Gestaltungswillen verlangen. Sie stärkt die Gemeinschaftsfähigkeit, weil sie im Austausch mit anderen stattfindet. Die Produkte, die im künstlerischen Bereich entstehen, schaffen ein reichhaltiges kulturelles Leben in der Schule. Bei der künstlerischen Tätigkeit formen die Schüler nicht nur ihre Persönlichkeit, sie sind - wie Untersuchungen bestätigen - auch friedfertiger als Schüler ohne künstlerische Aktivität. Dem Zusammenleben in der Schulgemeinschaft kann das nur guttun. Ich habe über 20 Jahre lang Schultheater unterrichtet und habe von den Kollegen anderer Fächer oft die Rückmeldung bekommen, dass Schüler, die bei der öffentlichen Aufführung eines Stückes auf der Bühne glänzten, sich auch in ihrem Fach - z.B. in Mathematik, Chemie oder Biologie - gewandelt hätten. *"Werde der du bist!"*: Die ganzheitliche Bildung setzt Kräfte frei, die in jedem jungen Menschen schlummern und die eine rein kognitive Ausbildung allein nie entfesseln kann.

Bläserklasse

Zur musisch-künstlerischen Bildung gehören die Fächer
Bildende Kunst, Musik und Theater. In den meisten
Stundentafeln unserer Schulen werden sie als reguläre Fächer
angeboten. Da viele Schulen heute Ganztagsschulen sind,
können musisch-künstlerische Aktivitäten zusätzlich noch
außerhalb des Klassenunterrichts, also in
Arbeitsgemeinschaften und Neigungsgruppen, stattfinden.
Besonders wirksam ist der Einsatz von Profis aus der
Kulturszene, die von der Schule als Honorarkräfte
verpflichtet werden. Durch die Perfektion ihres Handwerks
können sie Schüler in einer Weise begeistern, wie es
Lehrkräften nur schwer gelingt.

Mit Leidenschaft unterrichten

Meinungsumfragen unter Schülern ergeben regelmäßig, dass sie vor allem unter langweiligem Unterricht leiden. Viele schalten ab und sehnen das Stundenende herbei. In solchen Stunden ist der Lerneffekt denkbar gering. Vielen Lehrkräften gelingt es offensichtlich nicht, die Schüler während des Unterrichts zu fesseln. Der Pädagoge und Autor Bernhard Bueb glaubt zu wissen, woran das liegt: *„Es gehört zu den größten Missverständnissen des Lehrerberufs, dass es vor allem [...] auf die Worte ankomme und nicht so sehr darauf zu begeistern und Gefühle in Bewegung zu bringen. Darin liegt die Ursache eines der größten Übel landläufigen Unterrichts, nämlich Langeweile.“*[14] - Von Ehe- und Partnerberatern kennt man die Aussage, der größte Liebeskiller in einer Beziehung sei die Langeweile. Für den Unterricht gilt dies gleichermaßen. Langeweile ist ein Motivationskiller. Schüler haben für Lehrer, die im Unterricht Langeweile verbreiten, wenig schmeichelhafte Ausdrücke parat: „Schnarch-Nase" oder „Schlafpille". Deshalb sollten sich Lehrer aller Fächer darum bemühen, ihren Unterricht spannend aufzubereiten. Wilhelm von Humboldt sprach von der "*Hingabe an die Sache*", die der Lehrer vermitteln müsse. Um das zu leisten, muss die Lehrkraft selbst eine Passion für die Lerngegenstände ausstrahlen. Die Lehrkräfte müssen das spannende und interessante Potential, das in ihren Fächern schlummert, freilegen und die Schüler dafür begeistern. Der Schriftsteller Klaus Mann hat die reformpädagogische Odenwaldschule besucht und dort leidenschaftliche Lehrer erlebt. So erklärt sich seine Forderung, Lehrer müssten

„Seelenfänger" sein. Damit meint er nicht, dass die Lehrer ihre Schüler manipulieren sollen. Nein, sie sollen für ihr Fach brennen, weil sie nur dann bei den Schülern ein Feuer entzünden können. Sigmund Freud, der große Seelenerkunder, schrieb in seinen Jugenderinnerungen: *„Ich weiß nicht, was uns stärker in Anspruch nahm und bedeutsamer für uns wurde, die Beschäftigung mit der uns vorgetragenen Wissenschaft oder die mit den Persönlichkeiten unserer Lehrer, und bei vielen führte der Weg zu den Wissenschaften nur über die Person des Lehrers."*[15] – Jeder kann überprüfen, ob er sich an solche Lehrer aus seiner eigenen Schulzeit erinnert.

An einer Schule, die die kollegiale Hospitation der Lehrkräfte pflegt, habe ich die Biologiestunde eines älteren Kollegen erlebt. Fachlich hoch qualifiziert erzählte er im Gestus des dozierenden Professors, warum bei den Bonobo-Schimpansen die Weibchen das Sagen haben. Die Schüler hingen an seinen Lippen. Dieser Lehrer konnte die Schüler durch sein immenses Fachwissen und durch die Begeisterung, die er für "sein" Fach ausstrahlte, mitreißen. Die Kognitionsforschung hat herausgefunden, dass man sich Sachverhalte besonders gut merkt, wenn sie mit einem emotionalen Reiz verbunden sind. Deshalb lieben Schüler einen fesselnden Unterricht, der sie in die aufregende Welt des Wissens mitnimmt.

Das Gemeinschaftsgefühl stärken

Nach dem Ersten Weltkrieg erzwang die wirtschaftliche Not die Selbstversorgung der Schulfarm Scharfenberg. Die Arbeit in der Landwirtschaft, in Viehhaltung und Feldbau, war für jeden Inselbewohner eine „heilige Pflicht". Die Protokolle der „Abendaussprachen" aus dieser Zeit belegen, dass ständig darum gerungen wurde, die Ernährung der Inselbewohner sicherzustellen. In der gemeinsamen Arbeit entstand ein Gemeinschaftsgefühl, das an einer normalen Schule undenkbar wäre. Dem pädagogischen Geschick des Schulgründers war es zu verdanken, dass dieses Gemeinschaftserlebnis in die Zeit der wirtschaftlichen Konsolidierung hinübergerettet werden konnte. In der heutigen Wohlstandsgesellschaft muss eine Schulgemeinschaft auf andere Art gestärkt werden. Besonders gut geeignet ist die Etablierung einer Festkultur. Viele Schulen haben dafür gute Ansätze entwickelt. Vor allem bei den Schülern ist der Wunsch groß, bestimmte Einschnitte im Schulleben – Einschulung, Weihnachten, Fasching, Abiturentlassung – wieder festlich und durchaus mit Prunk und Stil zu begehen. Die Schulen sollten diesem Schülerwunsch nachkommen. Feste bleiben nicht nur lange in der persönlichen Erinnerung haften, sie prägen mit der Zeit auch den Stil einer Schule. Psychologen behaupten, dass Festivitäten auch eine „zivilisierende" Rückwirkung auf den Umgang innerhalb der Schulgemeinde haben. Wer miteinander feiert, gerät sich nicht so schnell in die Haare. Zumindest werden die Konflikte gedämpfter und weniger aggressiv ausgetragen. Oft bietet das besondere Fächerprofil einer Schule Gelegenheiten zum Feiern. Wenn eine Schule eine Kooperation mit einem landwirtschaftlichen Betrieb hat, der ökologisch wirtschaftet, kann man auf dem Hof gemeinsam mit der Bauernfamilie das Erntedankfest feiern. Wenn eine Schule ein musisches Profil hat, kann man die Theater- und Musikdarbietungen zu musischen Festen ausbauen, an denen die ganze Schulgemeinschaft teilhat. Die Schulen sollten auch ihren Namenspatron mehr ins Bewusstsein der Schüler rücken, indem sie dessen runde Geburts- oder Todestage feiern.

An der Gesamtschule, an der ich als junger Lehrer unterrichtete, wurde ein ganz besonderes Fest gefeiert: das Fest der Kulturen. Wir wollten nach außen dokumentieren, dass bei uns Schüler aus über 50 Nationalitäten unterrichtet werden. Jede Klasse bastelte aus Stoffbahnen die Nationalflaggen der vertretenen Nationen. Am Festtag wurden sie aus dem Fenster gehängt. Da die Schule drei Stockwerke hatte, entstand das Bild einer bunten Fahnen-Kaskade. Im Foyer und im Innenhof waren Imbissstände aufgebaut, an denen die kulinarischen Besonderheiten der einzelnen Länder zu genießen waren. Sie waren von den Eltern liebevoll gekocht worden. Auf einem Podium spielten Berliner Folkloregruppen Lieder der Weltmusik. Von dem Gemeinschaftsgefühl, das bei diesem Fest entstanden ist, hat die Schule noch lange gezehrt,

Schulfeste bieten die Gelegenheit, den Schülern Verantwortung für die Festgestaltung zu übertragen. Es ist auch pädagogisch sinnvoll, den Schülern etwas zuzutrauen. In der Pädagogik ist Überforderung immer besser als Unterforderung. An Herausforderungen können junge Menschen wachsen und sich bewähren. Dabei entwickeln sie ein Selbstvertrauen, das sich im Fachunterricht positiv auswirkt. Der große Menschenkenner Johann Wolfgang von Goethe, in seiner Jugend selbst ein Rebell, legt uns ans Herz,

Vertrauen in die Jugend zu haben und selbst ihre Übertreibungen gelassen zu ertragen:

„Lasst mir die jungen Leute nur
und ergetzt euch an ihren Gaben!
Es will doch Großmama Natur
manchmal einen närrischen Einfall haben." [16]

Zum Abschluss fünf Thesen, die den **Kern der Reformpädagogik** in bündiger Weise zusammenfassen:

- Bei jungen Menschen müssen die Erkenntnisse reifen, man kann sie nicht erzwingen. Man darf sie auch nicht forcieren: *„Alles fließe aus eigenem Antrieb, Gewalt sei fern den Dingen."* (Comenius)

- Bildung und Erziehung sind Hilfe zur Selbsthilfe: *„Hilf mir, es selbst zu tun!"* (Maria Montessori)

- Der Pädagoge muss beim Unterrichten immer den Blickwinkel der Kinder im Auge haben: *„Lernen vom Kinde aus"* (Ellen Key)

- All unser Bildungsbemühen sollte sich an dem großen Ziel ausrichten, "*den Menschen zum Menschen zu begaben*". (Heinz-Joachim Heydorn)

- *„Bildung beginnt mit Neugierde. Man töte in jemandem die Neugierde ab, und man nimmt ihm die Chance, sich* *zu bilden. Neugierde ist der unersättliche Wunsch zu erfahren, was es in der Welt alles gibt.*[17] (Peter Bieri)

Berlin, 2021

Anmerkungen

1. Wilhelm Richter: zit. nach Dietmar Haubfleisch, Schulfarm Insel Scharfenberg, Frankfurt/M. 2001

2. Joachim Heinrich Campe. Robinson der Jüngere zur angenehmen und nützlichen Unterhaltung für Kinder, Stuttgart 1981, S. 10

3. Wilhelm von Humboldt: Der litauische Schulplan, in: Gesammelte Schriften, Bd. 13, Berlin 1920, S. 277f

4. Wilhelm von Humboldt: Gesammelte Schriften, Bd. 1, Berlin 1903, S. 106

5. Wilhelm Blume: Gesuch an den Magistrat..., (1922), zit. nach Haubfleisch, a.a.O. S. 547

6. Wilhelm Blume: Denkschrift über die Schulfarm Insel Scharfenberg – was sie war, wie sie augenblicklich ist und was sie werden soll. Dezember 1945, zit. nach Haubfleisch, a.a.O. S. 549

7. Haubfleisch: a.a.O. S. 562

8. ders. S. 563

9. ders. S. 577

Jean Paul: zit. nach Otto Friedrich Bollnow: Die Pädagogik der deutschen Romantik, Skript der Bollnow-Gesellschaft, o.J. S. 7

10. Wilhelm von Humboldt: Theorie der Bildung des Menschen, in: Schriften zur Bildung, Stuttgart 2017, S. 9

11. „Einspruch": Zürich, Januar 2016

12. Hartmut von Hentig: Die Schule neu denken, München 1993, S. 202

13. Bernhard Bueb: Lob der Disziplin, Berlin 2006, S. 173

14. Sigmund Freud: Zur Psychologie des Gymnasiasten, Erstveröffentlichung: *Festschrift* anlässlich des 50jährigen Bestehens des K.K. Erzherzog Rainer-Realgymnasiums, Wien Oktober 1914. — *Gesammelte Werke*, Bd. 10, S. 204-7.

15. Johann Wolfgang von Goethe: Werke, Hamburger Ausgabe, Bd. 1, Gedichte und Epen I, München 1982, S. 310

16. Peter Bieri: Wie wäre es, gebildet zu sein? Festrede an der Pädagogischen Hochschule Bern, 5. November 2005

Wirklich, wir leben in finsteren Zeiten*

Die Schulfarm Insel Scharfenberg zur Zeit des Nationalsozialismus

Düstere Wolken am Himmel

Bevor Adolf Hitler am 31. Januar 1933 in Berlin das Amt des Reichskanzlers eroberte, gab es im Reich bereits Vorzeichen einer unheilvollen Zeitenwende. Im Sommer 1932 wurde in Thüringen die erste nationalsozialistische Regierung in Deutschland gebildet. Am 20. Juli 1932 wurde im sog. „Preußenschlag" die geschäftsführende Regierung Preußens unter dem Ministerpräsidenten Otto Braun (SPD) ihres Amtes enthoben und Reichskanzler Franz von Papen als Reichskommissar eingesetzt. Bei den Reichstagswahlen am 31. Juli 1932 wurde die NSDAP zur stärksten Partei. Das Ende der Weimarer Republik war zum Greifen nahe. Als der Chefredakteur der Zeitschrift „Die Weltbühne" Carl von Ossietzki am 10. Mai 1932 im Gefängnis von Tegel eine 18-monatige Haftstrafe antrat, gaben ihm prominente Schriftsteller und Wissenschaftler – darunter Erich Kästner, Arnold Zweig, Lion Feuchtwanger und Albert Einstein – das Geleit. Unter der Schar der Solidarischen befanden sich auch einige Schüler der Schulfarm Scharfenberg.

Hissen der Hakenkreuzfahne auf dem Braunhaus

Die Schulfarm Scharfenberg als „linkes" Projekt

Seit ihrer Gründung im Jahr 1922 galt die Schulfarm Scharfenberg als „linke" Schule. Schon die gelebte Inseldemokratie mit gleichem Stimmrecht für Lehrer, Schüler und Innungsmeister galt als „linkes" Projekt. Wilhelm Blume plante von Anfang an eine „Schule für alle", für Gymnasiasten, die das Abitur anstrebten, und für Volksschüler, denen er den Zugang zur höheren Bildung ermöglichen wollte. Der Fachbegriff für den nichtgymnasialen Zweig hieß damals „Aufbauschule", die Volksschüler nannte man „Aufbauer". Das Schuljahr 1923/24 begann mit 40 Schülern, 21 davon waren Gymnasiasten, 19 Aufbauer. In einem Bericht an den preußischen Minister für Volksbildung gab Blume zur Entwicklung des Aufbauzweigs eine optimistische Prognose: *„Die bisherigen Ergebnisse ermutigen zu freudiger Weiterarbeit. [...] Hier haben wir die Möglichkeit, die starken, unverbrauchten Kräfte aus der Volksschule zu fassen und in 6 Jahren zur Universitätsreife zu führen."*[1] Die Schulfarm Scharfenberg war von diesem Zeitpunkt an eine Gesamtschule. Dass Kinder aus ärmeren Schichten die Schulfarm besuchten, schlug sich auch in der Staffelung des Verpflegungsgeldes nieder. Es reichte von 90 Pfennigen bis 3,50 Mark pro Tag. Im Jahr 1928 nahmen immerhin 48 Prozent der Schüler die beiden niedrigsten Stufen des Verpflegungsgeldes in Anspruch.

Politische Polarisierung auf der Insel

Vom Anstieg der Nationalsozialisten in der Wählergunst der Deutschen konnte die Insel Scharfenberg nicht unberührt bleiben. Im Schuljahr 1932/33 begann unter den Schülern eine nie zuvor gesehene politische Polarisierung. Einer starken Gruppe linker Schüler, die sich zur KPD oder SPD bekannten, stand eine Gruppe aus acht Schülern gegenüber, die mit der NSDAP sympathisierten. Zu den Schülern, die dem Kommunismus zuneigten, gehörten Hans Lautenschläger, Hermann („Natze") Natterodt, Wolfgang

Ausländer, Heinrich Scheel, Hanne Woldt, Karl („Charly")
Mundstock, Hanno Günther und Hans Coppi.

Schülerselbstverwaltung in der Krise

Im Frühjahr 1932 verfasste Blume den Aufruf *„Ich klage an!"*[2],
in dem er den Verfall der Scharfenberger
Schülerselbstverwaltung anprangerte. Auf der Insel gebe es
Anzeichen von Verrohung und Verwahrlosung, die von der
Schülerselbstverwaltung toleriert würden. Blume zählt die
Verfallserscheinungen auf: Schlägereien in den Zimmern,
verletzte Schüler, zerbrochene Fensterscheiben, Kartenspiel
während der Dienstzeiten, Bettzeug im Gras liegend usw.
Einige Schüler würden *„jeden Ansatz wahren Führertums bei
ihren Kameraden durch kritisierendes und herabziehendes Gerede
ersticken."* [2] Die notwendige Kontrolle der Ämter durch den
Ausschuss würde als *„Polizistentum"*[3] verächtlich gemacht und
unterlaufen. In mehreren Anläufen habe sich die
Abendaussprache als unfähig erwiesen, einen Ausschuss zu
wählen, der als Leitungsgremium unentbehrlich sei.
Außerdem seien die Abstimmungen in den Sog der
politischen Polarisierungen geraten, was rein pädagogische
Erwägungen immer mehr in den Hintergrund treten ließ. Bei
der Verleihung des Stimmrechts an neue Schüler war
offensichtlich ihre politische Einstellung wichtiger geworden
als ihr Einsatz für die Inselgemeinschaft. In dieser
zugespitzten Situation traf Blume eine einschneidende
Entscheidung: Er entzog der Abendaussprache das Recht,
Neu-Scharfenbergern das Stimmrecht zu verleihen. Seine

Begründung lässt an Deutlichkeit nichts zu wünschen übrig: Es musste *„der Gefahr unter allen Umständen vorgebeugt werden, dass bei der Verleihung des Stimmrechts, die Aufnahme oder Abgang der Neuen im Gefolge hatte, politische Voreingenommenheit ganz gleich welcher Art mitwirkte; diese Suspension sollte gleichzeitig ein aufrüttelndes Mahnzeichen sein, die Selbstverwaltung nicht durch theoretische Übertreibung oder Gehenlassen in [der] Praxis zu gefährden."*[4] Blume berief eine Elternversammlung ein, die der Einschränkung der Schülerselbstverwaltung mit knapper Mehrheit zustimmte. Blumes Umgestaltungsmaßnahmen betrafen auch die „Ämter" auf der Insel. Statt der bisherigen 40 Einzelämter schuf er sechs Arbeitsgruppen, die die Arbeitsfelder der Innungen abdeckten. Ihre Leiter wurden von Blume *„berufen"*. Den neuen Schülern verlieh Blume das *„Bürgerrecht"* nach Anhörung der Schüler, die als Arbeitsgruppenführer und Budenältesten über den persönlichen Einsatz der Neuen bestens Bescheid wussten. Den Gruppenführern schenkte Blume volles Vertrauen, weil sie sich *„um die Gemeinschaft in selbstloser Arbeit verdient gemacht hatten."*[5] Blumes abschließende Bewertung seiner Umgestaltungsmaßnahmen: *„Die Neuordnung befreit uns von den Auswüchsen und Übertreibungen unserer Selbstverwaltung ohne ihren Kern – die Erziehung durch Selbstverwaltung durch das Ganze – zu beseitigen."*[6] Bei der Einschränkung des Stimmrechts in der Abendaussprache handelte es sich offensichtlich um eine erzieherische Maßnahme, die Blume für nötig hielt, um die Schülerdemokratie insgesamt zu retten.

Zeitgenossen und Historiker versuchten, über das von Blume Verlautbarte hinaus verborgene Motive für die Einschränkungen der Schülerdemokratie zu ergründen. Einer der beteiligten Schüler, Heinrich Scheel, tat sich dabei besonders hervor: „Es war ein Jammer zu erleben, wie ausgerechnet Blume dieser Tradition den Garaus machte."[7] - In seinen 1990 verfassten Erinnerungen („Wortmeldungen") verstieg sich Scheel zu der These, bei Blumes Maßnahmen habe es sich um Anbiederungsversuche an die Nazis gehandelt. Scheel beklagt Blumes „Bereitschaft, Grundprinzipien unseres Gemeinschaftslebens zu opfern, um dem aufkommenden Faschismus weniger Angriffsflächen zu bieten."[8] - Scheels Urteilsvermögen ist allerdings mit Vorsicht zu genießen. Im damaligen Konflikt war er nämlich Partei. Er gehörte zum Kreis der kommunistischen Schüler, die in der politischen Agitation ihr Hauptanliegen sahen und der Politisierung der Schülerdemokratie Vorschub leisteten. Heinz K. Jahnke, von 1938 bis 1943 Schüler der Schulfarm Scharfenberg, geht mit den „Jungkommunisten" (Selbstbeschreibung Scheels) hart ins Gericht, wenn er schreibt: „Die Schulordnung wurde ignoriert, wenn sie den Schülern nicht passte. Eine Zahl der Schüler trat in kommunistische und nationalsozialistische Jugendgruppen ein, obwohl das in der Schulordnung ausdrücklich verboten war. Man kann fast zu dem Schluss kommen, dass aus der Schülerdemokratie eine Anarchie geworden war."[9] Man braucht nicht viel psychologisches Einfühlungsvermögen, um zu erkennen, dass Heinrich Scheel seine eigene Verstrickung in die Schwächung der Schülerdemokratie nachträglich zu bemänteln versuchte, indem er Blumes Maßnahmen als

Kotau vor den Nationalsozialisten bewertete. In Wahrheit hatte Blume die Notbremse gezogen, um der unheilvollen politischen Instrumentalisierung der Schülerselbstverwaltung einen Riegel vorzuschieben. Leider haben sich auch spätere Geschichtslehrer der Schulfarm die Lesart Scheels zu eigen gemacht, ohne die historischen Quellen in ausreichender Weise zur Kenntnis zu nehmen.

Der nationalsozialistische Umschwung

Am 23. April 1932 stand in der „Lausitzer Landeszeitung Kottbus" ein hetzerischer Artikel[10], der sich gegen fortschrittliche Schulen und emanzipatorische Erziehungsmethoden wandte: „Fort mit den roten Volksverderbern! Eltern denkt an Eure Kinder". Unter den „marxistischen Erziehungsstätten" wird auch „eine sogenannte Schulfarm auf der Insel Scharfenberg" erwähnt, auf der „Nicht-Marxisten", z.B. Christen, gemobbt würden. Was der Schulfarm Insel Scharfenberg drohte, konnte man an der Schließung der Neuköllner Karl-Marx-Schule ablesen, die Fritz Karsen zu einer mustergültigen Reformschule entwickelt hatte. Sie wurde als „bolschewistischer Seuchenherd" („Nationalsozialistische Erziehung", Berlin, 1932, Jg. 1) verunglimpft und aufgelöst. Ähnlich ging es fortschrittlichen Reform- und Lebensgemeinschaftsschulen. Mit Scharfenberg verfuhr die nationalsozialistische Schulverwaltung zunächst schonender. 1959 stellte Blume rückblickend die Vermutung an, die NSDAP-Verantwortlichen seien *„einer gewissen Selbsttäuschung* [unterlegen], *hier ´Blut- und Boden`- Luft geatmet zu haben.* "[11] Die NSDAP wollte die „Verbindung der Schularbeit mit der landwirtschaftlichen Betätigung" nutzbar machen, indem sie der Schule ein „nationalsozialistisches Gepräge"[12] verlieh. In Dokumenten ist sogar von der Schaffung „grüner Schulen" die Rede. – Im Herbst 1933 wurde der Studienassessor Dr. Felix Scholz, der der SA angehörte, als Heimleiter der Schulfarm Scharfenberg eingesetzt. Blume blieb (vorerst) weiterhin Schulleiter. Scholz forderte die Schüler auf, der Hitlerjugend beizutreten. Er führte den verpflichtenden Hitlergruß ein und machte aus dem Versammlungsraum in der Bolle-Villa („Bollesaal") den „Adolf-Hitler-Saal". In der von ihm ausgearbeiteten „Schulfarmordnung" wurde das Führerprinzip zur Grundlage des Gemeinschaftslebens erklärt. Die Schüler der Schulfarm sollten so erzogen werden, dass sie „ein Abbild und eine Vorstufe der großen deutschen Volksgemeinschaft" sind.[13] Neben dem Mittelweg auf der Insel ließ er aus Feldsteinen einen Gedenkstein für den Märtyrer der Nationalsozialisten Horst Wessel errichten. Wie der nationalsozialistische Umschwung in der Schulfarm den Gemeinschaftsgeist der Schüler zerstörte, konnte man an einer Aktion vom Mai 1933 ablesen. In Nachahmung der Bücherverbrennung von NS-Gauleiter Goebbels vor der Humboldt-Universität zu Berlin drangen fanatische Schüler in die Zimmer ihrer Kameraden ein und zerrten „zersetzende Literatur" aus den Bücherregalen, um sie zu verbrennen. Mehrere jüdische Schüler verließen nach der Übernahme der Schule durch die Nationalsozialisten die Insel. Darunter war Ernst Halberstadt, ein Enkel von Sigmund Freud, der sich im britischen Exil Ernest Freud nannte.

Im Frühjahr 1934 kapitulierte Wilhelm Blume vor der nationalsozialistischen Übermacht und trat von seinem Amt als Schulleiter der Schulfarm Scharfenberg zurück. Als Leiter des Humboldt-Gymnasiums in Berlin-Tegel blieb er im Amt. Mit Blume verließen sechs Kollegen, die ihm zuliebe ausgeharrt hatten, und knapp die Hälfte der Schüler die Schulfarm. Es waren die Schüler, die es abgelehnt hatten, Mitglied in der Hitlerjugend zu werden. Mit Blumes Abgang von der Insel wurde Dr. Scholz die kommissarische Leitung der Schulfarm Scharfenberg übertragen. Damit hatten die Nationalsozialisten freie Hand, die Schulfarm nach ihren Vorstellungen umzugestalten.

Scharfenberg unter dem Hakenkreuz (Braunhaus)

104

Scharfenberg unter dem Hakenkreuz

Die Nationalsozialisten waren sich anfangs nicht einig, in welche Richtung die Umgestaltung der Schulfarm Scharfenberg vonstattengehen sollte. In Dokumenten aus jener Zeit ist von einer „nationalsozialistischen Erziehungsanstalt der Stadt Berlin" oder von einer „Nationalpolitischen Erziehungsanstalt" (NAPOLA) die Rede. 1936 bezeichnete Dr. Scholz die Schulfarm in einem Rechenschaftsbericht als „Pflanzstätte nationalsozialistischer Erziehung"[14] In Dokumenten der Schuljahre 1938/39 und 1939/40 wird die Schulfarm „Rudolf-Heß-Schulfarm" genannt. In den Jahren danach hieß die Schule wieder schlicht „Schulfarm Insel Scharfenberg". Bis heute ist nicht schlüssig geklärt, wie es zu diesem Verwirrspiel um die politische Ausrichtung der Schulfarm und ihren Namen hatte kommen können. Vielleicht spielten Rivalitäten im Machtapparat der Nationalsozialisten eine Rolle. Im November 1940 siedelte die Schulfarm als erste Berliner Schule in ein KLV-Lager um. Die „Kinderlandverschickung" (KLV) war eine groß anlegte Aktion zum Schutz der schulischen Jugend vor den Bombenangriffen der Kriegsgegner auf deutsche Großstädte. Von 1940 bis 1945 wurden innerhalb Deutschlands 600.000 Schüler in ländliche Gegenden verschickt. Die Stationen der Schulfarm Scharfenberg während der KLV waren Brückenberg im Riesengebirge, Schüttenhofen in Böhmen/Mähren, Wieck auf der Insel Rügen und Wichmannsdorf in Mecklenburg. Von diesen Stationen wurden einzelne Schulklassen zeitweilig zu den Luftwaffenhelfern abkommandiert. Einige Schüler wechselten von dort zur aktiven Truppe an die Front.

Die Gleichschaltung der Schulfarm Scharfenberg vollzog sich auch in der Ausrichtung des Unterrichtsstoffes auf die nationalsozialistische Ideologie. Betrachtet man den Lektüreplan für das Schuljahr 1936, sieht man eine Mischung aus NS-Literatur (Hans Grimm: „Volk ohne Raum", Edwin Erich Dwinger: „Die letzten Reiter") und klassisch-humanistischer Literatur (Schiller: „Die Räuber", Kleist: „Prinz von Homburg" und Goethe: „Iphigenie"). Merkwürdiger Weise stand auch Kleists Novelle „Michael Kohlhaas" auf dem Programm. Das Rebellentum des Protagonisten hätte man durchaus als Anregung zu Widerstandshandlungen interpretieren können. In den KLV-Lagern, die aus Hotels, Gasthöfen, Klöstern und Jugendherbergen bestanden, war ein naturwissenschaftlicher Fachunterricht nur in Buch- und Kreideform möglich, da Fachräume zum Experimentieren fehlten. Dafür gab es Sport im Übermaß, der in freier Natur absolviert wurde. Sportliche Ertüchtigung gehörte zum Grundprogramm der nationalsozialistischen Schule, weil sie die Grundlage für die Wehrertüchtigung der männlichen Jugend bildete.

Das Scharfenberger Gemeinschaftsleben und die praktische Arbeit in der Landwirtschaft und in den Werkstätten gingen auch unter der Regie der Nationalsozialisten weiter. Sie wurden nur ideologisch neu bewertet. Während die ganzheitlichen Erziehungswerte unter Wilhelm Blume, wie Dr. Scholz abwertend schreibt, einem falschen „Bildungsideal des ´allseitig` ausgerichteten Menschen"[15] verpflichtet gewesen seien, gehe es jetzt darum, den Schülern „das Vorbild einer opferfreudigen Persönlichkeit"[15] einzupflanzen, sie in der „Arbeitserziehung (…) zum Nothelfer (des) Volkes" zu machen.[15] Dass Dr. Scholz der SA angehörte, kann man daran erkennen, dass er in seinem Rechenschaftsbericht die Schulfarm von den Nationalpolitischen Erziehungsanstalten, die von der SS geführt wurden, abgrenzt. Das „Sozialistische" in der Programmatik der NSDAP wird an der Formulierung deutlich, dass in der Schulfarm „gerade die Söhne der ärmeren Berliner Volksgenossen bevorzugt aufgenommen" würden, dass sie außerdem durch „weitgehende wirtschaftliche Hilfen" abgesichert würden.[15] Ziel der Scharfenberger Erziehung sei die „Einwurzelung seiner Zöglinge in die Gemeinschaft des arbeitenden Volkes."[15]

Neben dem Unterricht wirkte ein intensives politisch-ideologisches Erziehungsprogramm auf die Schüler der Schulfarm ein. Die „Zeittafel des Schuljahres 1936/37"[16] verzeichnet eine „bäuerliche Sonnwendfeier mit Einweihung eines neuen Pfluges" (19. Juni), die „Entzündung des Olympischen Feuers im Berliner Lustgarten" (1. August), eine Feier zum 150. Todestags des Preußenkönigs Friedrichs II. (17. August), eine „Langemarckfeier"[17] (18. November) und eine Horst-Wessel-Feier (23. Februar). Am 11. Juni gab es eine „Verdunkelungsübung", an der man sehen kann, dass sich das NS-Regime schon früh – man schrieb das „Olympia-Jahr" 1936 – auf einen Krieg vorbereitete.

Die NS-Herrschaft über die Schulfarm Scharfenberg ging denkbar unrühmlich zu Ende. Heinz K. Jahnke berichtet in seinem Buch „Scharfenberg unter dem Hakenkreuz", dass der Schulleiter Dr. Scholz in Wichmannsdorf in den letzten Tagen des April 1945 – die Rote Armee rückte bedenklich nahe - die Schule nach einem Schulappell förmlich für aufgelöst erklärte. Er riet den Schülern, ihre Kleidung, die aus Khakiuniformen des deutschen Afrikakorps bestand, zu vergraben und sich von den Bauern Zivilkleidung zu besorgen. Dann sollten sie sich in kleinen Gruppen nach Berlin durchschlagen. Dort herrschte inzwischen die Rote Armee. Die Scharfenberg-Schüler fanden sich nach wochenlangen Fußmärschen in einer zerstörten Stadt wieder. Damit waren die 12 „braunen" Jahre der Schulfarm Insel Scharfenberg beendet.

Wilhelm Blume formuliert in seinem Bericht „*Die 12-jährige Zwischenherrschaft*"[18] vom Dezember 1945, wie er die Ägide des Nationalsozialismus auf der Insel bewertet: „*Vorwärtsentwicklung im Äußeren, Rückgang im Innerlichen*". Er beschreibt die baulichen Veränderungen, wie die Errichtung des Schulhauses samt Turnhalle und der Lehrerwohnhäuser. Der Fährdienst wurde von bezahlten Fährleuten übernommen. Der freie Geist aber, der Scharfenberg zwischen 1922 und 1933 ausgezeichnet hatte, sei durch „*militärischen Drill*" vertrieben worden. „*Der Tiefpunkt der Geschichte der Humboldtinsel*" sei erreicht gewesen, als die Nationalsozialisten mit 300 Hitlerjungen ein „*Wehrertüchtigungslager*" eingerichtet haben.

Mutige Kämpfer gegen das NS-Regime

Hans Coppi (1916-1942) besuchte die Schulfarm Scharfenberg von 1929 bis 1932. Er war der Sohn proletarischer Eltern, die ein kleines Haus in der Laubenkolonie „Am Waldessaum" in Tegel-Süd bewohnten. Heinrich Scheel beschreibt ihn als Schüler mit einer schnellen Auffassungsgabe und Charisma: „Er gehörte zu den Menschen, deren Vorbild eine geradezu zwingende Kraft auszuüben vermag."[19] – Durch seine Überzeugungskraft wurde Hans Coppi „bald das geistige Oberhaupt der kleinen [kommunistischen] Schar".[20] ‑ „Wir verfügten nun in ihm über einen hervorragenden Verbindungsmann zur Jugendorganisation im nahen Tegel, als deren Mitglieder wir die Abwehrkämpfe gegen die Faschisierung unserer Schulfarm in der Folgezeit führten."[21] Coppi war Mitglied im Kommunistischen Jugendverband Deutschlands (KJVD) und bei den Roten Pfadfindern. Da Coppi auf Scharfenberg einer der beiden „Hühnerwarte" war, trafen sich die kommunistischen Schüler zu konspirativen Beratungen in der Hühnerfarm. Wegen des dort herrschenden Gestanks waren sie vor ungebetenen Besuchern sicher. Ende 1932 verließen die meisten kommunistischen Schüler – darunter auch Hans Coppi – die Insel. Coppi trieb, wie es Heinrich Scheel bewertete, „der Drang zu aktivem politischem Einsatz, dem natürlich draußen ungleich größere Entfaltungsmöglichkeiten als auf der Insel geboten wurden."[22] ‑ Coppi schloss sich dem illegalen Widerstand der KPD an. Bald wurde er mit Haftbefehl gesucht und musste untertauchen. Ende Januar 1934 wurde er verhaftet und zwei

Monate im KZ Oranienburg inhaftiert. Für die illegale Verbreitung von Flugblättern („Vorbereitung zum Hochverrat") wurde er zu einer einjährigen Jugendstrafe verurteilt, die er im Jugendgefängnis Plötzensee verbüßte. 1939 schloss sich Coppi der Widerstandsgruppe um Harro Schulze-Boysen und Arvid Harnack an, die von der Gestapo „Rote Kapelle" genannt wurde. 1941 wurde Coppi von Kameraden aus dem Widerstand in das Morsen und Funken von geheimen Botschaften eingewiesen. Kurz nach seiner Einberufung zur Wehrmacht wurde Hans Coppi am 12. September 1942 in Schrimm bei Posen verhaftet. Am selben Tag wurde auch seine Frau Hilde, die zu diesem Zeitpunkt schwanger war, in Haft genommen. Hans Coppi wurde am 19. Dezember 1942 zum Tod verurteilt und drei Tage später im Strafgefängnis Plötzensee zusammen mit Arvid Harnack und Harro Schulze-Boysen ermordet. Hilde Coppi brachte am 27. November 1942 ihren Sohn Hans zur Welt. Am 5. August 1943 wurde auch sie in Plötzensee hingerichtet. Der Schriftsteller Peter Weiss hat Hans und Hilde Coppi in seinem Roman „Ästhetik des Widerstands" ein literarisches Denkmal gesetzt.

Hans Joachim („Hanno") Günther (1921-1942) wechselte 1934 von der bekannten Reformvolksschule „Rütli-Schule" in Berlin-Neukölln, die von den Nazis aufgelöst worden war, an die Schulfarm Scharfenberg, um im dortigen Aufbauzweig das Abitur abzulegen. Auf der Schulfarm eckte er an, weil er sich dem Urteil des Schulleiters Dr. Scholz zufolge „staatsfeindlich" geäußert und verhalten habe. Auf dringenden Rat des Schulleiters nahm die Mutter ihren Sohn von der Schule. Er begann eine Ausbildung zum Bäcker, die ihn mit einer kommunistischen Widerstandsgruppe in Berührung brachte. Seine politische Mentorin war Elisabeth Pungs, die der Roten Hilfe Deutschlands angehörte. Mit ehemaligen Kameraden aus der Rütli-Schule gründete Günther eine Widerstandszelle. Sie hefteten Klebezettel an Litfaßsäulen, Telefonzellen und Schaufenster, auf die sie Parolen gegen das NS-Regime geschrieben hatten: „Jeder Sieg bringt neuen Krieg!“, „Schluss mit dem Krieg!“ und „Stürzt Hitler! Rettet Deutschland!“. Zwischen Juli 1940 und Januar 1941 verfasste die „Rütligruppe“, wie sie von der Gestapo genannt wurde, die Flugschrift „Das freie Wort“, in der sie Arbeiter in der Rüstungsindustrie zur Sabotage aufriefen. Insgesamt wurden 1.500 Exemplare davon in Briefkästen gesteckt oder in Hauseingänge gelegt. Im Herbst 1941 wurde die Widerstandsgruppe von der Gestapo entdeckt und ihre Mitglieder verhaftet. Nach über einjähriger Untersuchungshaft wurden Hanno Günther und sechs seiner Freunde im Dezember 1942 zum Tode verurteilt und im Gefängnis Plötzensee hingerichtet. Günthers Grabstätte befindet sich auf dem Südwestkirchhof Stahnsdorf.

Auf der Insel Scharfenberg erinnert seit 1986 eine am Blumenhaus angebrachte Gedenktafel an Hans Coppi und Hanno Günther:

Scharfenberger leisteten Widerstand gegen den Nationalsozialismus.

Hans Coppi – hingerichtet 22. 12. 1942

Hanno Günther – hingerichtet 3. 12. 1942

(* Die Überschrift ist der in den Plural gesetzte erste Vers aus dem Gedicht „An die Nachgeborenen" von Bertolt Brecht aus den Jahren 1934-1938.)

Anmerkungen

1. Wilhelm Blume: Bericht über die Entwicklung der städtischen Scharfenbergschule, 1923, hgg. von Dietmar Haubfleisch, Marburg 1999

2. Wilhelm Blume: „Ich klage an!", in: Heinz K. Jahnke: Scharfenberg unter dem Hakenkreuz, Verlag Auriga, Berlin 1997

3. Heinz K. Jahnke: Scharfenberg unter dem Hakenkreuz; Die Geschichte der Schulfarm Scharfenberg zwischen 1933 und 1945, Verlag Auriga, Berlin, 1997, Anhang, S. 185

4. Wilhelm Blume: Das Umordnen der Schülerselbstverwaltung in Scharfenberg im Juli-August 1933, in: Heinz K. Jahnke, a.a.O., Anhang, S. 186

5. Wilhelm Blume: ebd. S. 187

6. Wilhelm Blume: ebd. S. 186

7. Heinrich Scheel: Schulfarm Insel Scharfenberg, in: „Wortmeldungen", Berlin, 1990, S. 48

8. Heinrich Scheel: ebd.

9. Heinz K. Jahnke: a.a.O. S. 11

10. Festschrift „60 Jahre Schulfarm Scharfenberg" (1922-1982), S. 36, Scharfenberg-Archiv

11. Wilhelm Blume: Erinnerungen an das Bollehaus auf der Insel Scharfenberg (Vorträge und Aufsätze), Berlin 1959, zit. nach Haubfleisch, a.a.O., S. 776

12. Die „Schulfarmordnung" von Dr. Felix Scholz findet sich als Dokument in Jahnke, a.a.O. S. 190 f. und in der „Festschrift „60 Jahre...", S. 37 ff.

13. „Schulfarmordnung", in: Festschrift „60 Jahre...", S. 37

14. Rechenschaftsbericht von Dr. Scholz, in: Festschrift „60 Jahre...", S. 41

15. Ebd. S. 41 ff.

16. „Zeittafel des Schuljahres 1936/37", in: Festschrift „60 Jahre...", S. 40

17. Die Schlacht in Langemarck (Flandern) am 10. November 1914 endete in einer militärischen Katastrophe. Von den angreifenden 12.000 deutschen Soldaten hat nur knapp die Hälfte überlebt. Die meisten Gefallenen waren Schüler und Studenten, die sich freiwillig an die Front gemeldet hatten.

Das Kaiserreich schuf den Mythos von Langemarck, indem es die Niederlage in einen moralischen Sieg umdeutete.

18. Festschrift „60 Jahre Schulfarm…", a.a.O. S. 46

19. Heinrich Scheel, a.a.O. S. 39

20. Schielke: „Der Lange von der Schulfarm", zit. nach Haubfleisch, a.a.O., S. 754

21. Heinrich Scheel: a.a.O., S. 50

22. Heinrich Scheel: ebd.

Foto: Braunhaus

Vom einzigen staatlichen Landerziehungsheim Deutschlands zur normalen Stadtschule

Die Schulfarm Scharfenberg unter den Schulleitern Wolfgang Pewesin (1949-1969), Rudi Müller (1970-1977), Helmut Sommer (1977-1992) und Florian Hildebrand (1992-1998)

Blickt man auf die hundertjährige Geschichte der Schulfarm Scharfenberg zurück, wird deutlich, dass ihre Pädagogik entscheidend vom jeweiligen Schulleiter geprägt wurde – im positiven wie im negativen Sinn. Beim Schulgründer Wilhelm Blume kamen verschiedene Eigenschaften glücklich zusammen, die ihn zum idealen Leiter prädestinierten. Er vereinigte konzeptionelles Denken mit gestalterischem Geschick. Er wusste die Gunst der Stunde, den Umbruch nach dem verlorenen Weltkrieg und der gescheiterten Revolution, zu nutzen, um einen reformpädagogischen Schulversuch auf den Weg zu bringen. Blume hatte zudem ein nahezu grenzenloses Vertrauen in die Bereitschaft seiner Schüler, ihm auf dem Weg in eine neue pädagogische Zukunft zu folgen. So erklärt es sich, dass drei seiner ehemaligen Musterschüler – Heinrich Scheel, Wolfgang Pewesin und Wilhelm Richter – später selbst Schulleiter wurden.

Wolfgang Pewesin (1949-1969)

Neubeginn im Zeichen der Gründungsidee

Die prägende Gestalt in der Nachkriegsentwicklung der Schulfarm Scharfenberg war Wolfgang Pewesin. Als ehemaliger Schüler der Schulfarm unter Wilhelm Blume war es ihm ein Anliegen, an die reformpädagogische Tradition anzuknüpfen, die 1933 von den Nationalsozialisten abrupt und gründlich zerstört worden war. 1956 verabschiedete die Schulgemeinschaft ein Dokument, das als „Märzpunkte" in die Schulgeschichte einging. Sie zu akzeptieren, gehörte fortan zu den Aufnahmebedingungen der Schulfarm Scharfenberg. Zwei der acht Punkte seien hier zitiert:

III) Wir wollen geistige und handwerkliche Arbeit mit gleichem Ernst pflegen, um damit die Achtung vor der Leistung eines jeden und dem vollendeten Werk zu wecken. Das ist nur sinnvoll, wenn die Arbeit selbstständig und aus eigenem Willen geleistet wird.

VIII) Wir geben uns unsere Gesetze selbst und betrachten daher ihre Befolgung als unsere Pflicht.[1]

In beiden Punkten ist das pädagogische Erbe Blumes unverkennbar. Die Verbindung von geistiger und körperlicher Arbeit und die direkte Demokratie der Inselbewohner gehörten zu den Grundpfeilern der Scharfenberger Schulidee. Auch für Pewesin bildeten Erziehung und Unterricht eine Einheit, hatte körperliche Arbeit einen großen erzieherischen Wert. Er wusste, dass die Gemeinschaftsarbeit die Inselgemeinschaft festigt. Pewesin gelang es, die Absicht der Schulverwaltung, die Schulfarm zu einer normalen Schule zu machen, zu vereiteln. Er erreichte, dass die Schulfarm im Schulgesetz von Berlin als „Schule besonderer pädagogischer Prägung" verankert wurde.

Die Ära Pewesin war die Zeit des Wirkens profilierter Lehrer. Der Kunsterzieher Siegfried Kühl („Bonzo"), der Geschichtslehrer Rolf („Benno") Gutschalk, der Musiklehrer Wolfgang Longardt, der Deutschlehrer Alfred Behrmann und der Erdkundelehrer Otto Haas prägten als noch junge Lehrer den Unterricht an der Schulfarm Scharfenberg. Diese Vollblutlehrer verbanden hohe fachliche Kompetenz mit einer persönlichen Ausstrahlung, der sich kein Schüler entziehen konnte. Für sie galt der Einsatz im Internat als selbstverständlich, weil sie darin einen erzieherischen Auftrag sahen, der die von der Reformpädagogik vertretene Einheit von Lernen und Leben gewährleistet. Ehemalige Schüler schildern diese Lehrer in ihren Erlebnisberichten als „Autoritäten" und „Vaterfiguren".

Pionierarbeit für die Erneuerung der gymnasialen Oberstufe

1952 führte Wolfgang Pewesin ein Oberstufenmodell ein, das an die von Blume begründete Verbindung von Kern- und Wahlunterricht anknüpfte. Neben den vier Kernfächern Deutsch, Englisch, Mathematik und Geschichte gab es noch ein Wahlfach, das den Schülern eine fachliche Spezialisierung ermöglichte. Eine philosophische Arbeitsgemeinschaft erweiterte über die Fachinhalte hinaus den geistigen Horizont der Schüler. 1963 genehmigte die

Kultusministerkonferenz einen gemeinsam mit dem Humboldt-Gymnasium in Berlin-Tegel unternommenen Schulversuch zur Neuordnung der gymnasialen Oberstufe. Auch er sah Deutsch, Mathematik und eine Fremdsprache als Kernpflichtfächer vor, die durch ein Wahlleistungsfach ergänzt wurden. Das Wahlfach hatte für Pewesin einen hohen pädagogischen Wert: *„Eines recht wissen und ausüben gibt höhere Bildung als Halbheit im Hundertfältigen."*[2] Die Neugestaltung der gymnasialen Oberstufe durch die KMK im Jahre 1972 endete für die Schulfarm Scharfenberg mit einer Enttäuschung. Der Wahlbereich wurde um ein zweites Leistungsfach aufgestockt, der Pflichtbereich für eine Vielzahl an Fächern freigegeben. Pewesin kritisierte diese „Verwässerung" seiner Oberstufenidee. Seine Kritik galt vor allem dem neu eingeführten Punktesystem: *„Die Versuchung* [der Schüler] *zumindest ist sehr groß, nicht mehr eine Sache, sondern den Effekt einer Sache in Rücksicht auf das Punktekonto anzustreben."*[3] Wer schon einmal erlebt hat, wie gekonnt Oberstufenschüler ihren Einsatz im Unterricht vom zu erwartenden Punkteertrag abhängig machen, kann die prophetische Gabe Wolfgang Pewesins nur bewundern.

Revolte auf der Insel

Die beiden letzten Jahre in Pewesins Amtszeit waren bewegte Jahre. Die antiautoritäre Studenten- und Schülerbewegung hatte auch die Insel Scharfenberg erfasst. Linksradikale Schülergruppen agitierten in Unterricht und Internat, um *„die Institutionen als wirkungslos zu entlarven"*[4]. Am 18. Mai 1968 schrieb Pewesin einen Brief an das Lehrerkollegium der

Schulfarm, in dem er die revolutionären Umtriebe auf der Insel kommentierte. Als Historiker war ihm bewusst, dass die Begeisterung junger Menschen für die sozialistische Revolution nicht zur Verwirklichung einer humanen sozialen Utopie führen, sondern wie schon so oft in der Geschichte in Unterdrückung und Gewalt münden musste. Er zitierte Immanuel Kant, der die wahre Revolution als eine solche der Denkungsart verstanden habe. Eine Schule könne – so Pewesin – nie der Austragungsort politischer Meinungskämpfe sein, weil radikaler Aktionismus für *„das Argument und die* [menschliche] *Achtung"*[5], von denen der intellektuelle Austausch in der Schule lebe, nicht mehr zugänglich sei. Pewesin schließt seinen Brief mit dem pathetischen Ausruf: *„Darum können auf Scharfenberg 1968 keine roten Fahnen wehen!"*[6]

Es entbehrt nicht der bitteren Ironie, dass der Protest der linksradikalen Schülergruppen nicht nur die Schülerselbstverwaltung auf der Insel zerstört, sondern auch die Vormachtstellung der Lehrer gestärkt hat. Die Berliner Schulverwaltung ordnete nämlich an, dass künftig auch in der Schulfarm Scharfenberg die Lehrerkonferenz das höchste Entscheidungsgremium sein sollte. Damit hatte die Inselrepublik ihr höchstes Entscheidungsgremium eingebüßt: die Vollversammlung aller Mitglieder der Inselgemeinschaft. Mit Pewesins Pensionierung im Jahr 1969 war die reformpädagogische Traditionslinie der Schulfarm Scharfenberg zu ihrem vorläufigen Ende gekommen.

Rudi Müller (1970-1977)

Kapitulation vor dem rebellischen Zeitgeist

Die Amtszeit von Rudi Müller, die sieben Jahre währte, stand zu Beginn unter einem ungünstigen Stern. Die Turbulenzen der Studentenbewegung waren noch deutlich zu spüren, immer noch agitierten linksradikale Schülergruppen in der Schülerschaft. Es gab Zeichen offensichtlicher Pflichtvergessenheit: Lehrer weigerten sich, im Internat Dienst zu verrichten, Schüler sabotierten die Inseldienste. Die Situation war so verfahren, dass 1970 ein Drittel der Schüler und acht Lehrer die Insel verließen. Im Rückblick wird deutlich, dass Rudi Müller den Versuch, zu den reformpädagogischen Prinzipen in Schule und Internat zurückzukehren, für aussichtslos hielt: *„Es war klar, dass in einer solchen Situation keine ´Rückführung` auf ´alte Ordnungen` möglich war."*[7] - Rudi Müller verlieh seiner Resignation die Weihe einer weisen Entscheidung, indem er einen Ausspruch des Malers Franz Marc zitierte: *„Es kommt nicht darauf an, in Traditionen zu leben, sondern Traditionen zu schaffen."*[8] - Das Zitat verkennt, dass man stets auf Traditionen aufbaut, weil selbst das Neue nie Tabula rasa macht, sondern sich Stück für Stück in die Traditionsbestände einfügt. Gerade in der Pädagogik hat es sich gezeigt, dass einige Grundtatsachen zeitlose Gültigkeit besitzen. Kein vernünftiger Mensch würde Pestalozzis Aussage *„Erziehung ist Vorbild und Liebe"* in Frage stellen. Genauso verhält es sich mit den Prinzipien der Reformpädagogik. Rudi Müller hatte dafür offensichtlich kein Gespür. Im Unterschied zu seinem Vorgänger Wolfgang Pewesin war er kein Scharfenberg-Schüler gewesen. Die einzige Tradition, die er aus Überzeugung neu schuf, war das Schultheater. Hier hatte er nicht nur Erfahrung und Geschick, sondern auch den Elan, den er auf anderen Feldern seiner Schulleitertätigkeit vermissen ließ.

Da es immer wieder vorkam, dass Lehrkräfte den Dienst im Internat verweigerten, griff die Schulverwaltung zu einer einschneidenden Maßnahme. Um das Internat aufrechterhalten zu können, wurden Sozialpädagogen eingestellt, die die Nachtdienste versahen. Damit war die Einheit von Leben und Lernen zerbrochen, die zum Wesenskern der Scharfenberger Schulidee gehört hatte. Die Reformpädagogik wollte Lernen und Leben miteinander verbinden. Lehrer sollten nicht nur Unterrichtende sein, sondern das Leben der Schüler im Internat begleiten. Zu diesem Zweck waren die Lehrerwohnhäuser auf der Insel überhaut errichtet worden. Mit den Sozialpädagogen trat eine Berufsgruppe auf den Plan, die darunter litt, dass die Lehrer bei den Konferenzen den Ton angaben und zudem noch mehr verdienten. Das Gefühl mangelnder Geltung versuchten sie dadurch zu kompensieren, dass sie sich als exklusive Fürsprecher der Schülerbefindlichkeiten gerierten. Auf Konferenzen kreuzten die beiden Gruppen die Klingen: Die Lehrer pochten auf ihre Fach-, die Sozialarbeiter auf ihre Erziehungskompetenz. Von einem Gleichklang der Interessen zum Wohle der Schüler konnte keine Rede sein. Die Schüler wussten diesen Dissens für sich zu nutzen, indem sie die beiden Berufsgruppen gegeneinander ausspielten.

Scharfenberg: Mekka des Schultheaters

Rudi Müller war von 1948 bis 1970 am Französischen Gymnasium in Berlin-Tiergarten tätig gewesen. Dort hatte er nicht nur Schultheater unterrichtet, sondern eine eigene experimentelle Bühne, das „Perpendikel Theater" (1965-1970), geschaffen. Auf Scharfenberg rief er die „Film- und Theaterwerkstatt am scharffen Berg" ins Leben, deren Inszenierungen weit über die Schulfarm Scharfenberg hinaus ausstrahlten. Das Scharfenberger Schultheater spielte nicht nur auf der Insel, sondern in Berliner Jugendheimen und auf Theaterfestivals, wie der „Internationalen Laienspielwoche Korbach" (Hessen). Das Buch „Spiel und Theater als kreativer Prozess", das Rudi Müller 1972 veröffentlichte, ist für Theaterpädagogen bis heute ein anregendes Fachbuch. 1974 beauftragte der Schulsenat Rudi Müller mit der Ausarbeitung eines Rahmenplans für ein zu gründendes Fach „Darstellendes Spiel". 1977 trat der Lehrplan in Kraft. Bereits 1975 richtete die Schulfarm Scharfenberg als erste Berliner Schule „Darstellendes Spiel" als reguläres Fach im Kurssystem der Oberstufe ein. Die Theaterausbildung, die Rudi Müller für Lehrer anbot, haben mehrere Hundert Lehrer (so auch der Autor) durchlaufen. Unter Rudi Müller wurde die Schulfarm Scharfenberg zum Mekka der Berliner Schultheaterszene.

Theaterplakat aus der Ära Müller

Scharfenberger Wanderbühne

Mit seiner Theaterarbeit knüpfte Rudi Müller, vielleicht ohne es zu wissen, an die Theaterbegeisterung des Scharfenberg-Gründers Wilhelm Blume an. Blume war ein leidenschaftlicher Theaterliebhaber. Er entwickelte nicht nur auf der Insel ein reichhaltiges Theaterleben, in das er bei der Freilichtinszenierung von Klassikern wie der „Braut von Messina" von Schiller und der „Hermannsschlacht" von Kleist die ganze Schülerschaft in das Geschehen einbezog. Er fuhr mit seinen Theatergruppen auch in die nähere Umgebung, z.B. nach Tegel, um mit dem Theaterspiel Geld für die Schule zu sammeln. In der Scharfenberg-Chronik ist eine Reise der Scharfenberger Theatergruppe durch die Mark Brandenburg und nach Sachsen-Anhalt dokumentiert.

Eigenartige Theatervorstellung

Heute Sonnabendabend spielt in unserer Stadt eine wandernde Truppe Theater und zwar zwei wertvolle Dichtungen: Graf Platens Ritterkomödie „Berengar" und das reizende Schelmenspiel des Heimatdichters Lienhard „Till Eulenspiegel". Die Darsteller sind Primaner der Reformschule des Magistrats Berlin, die mit ihrem Lehrer in einem Zigeunerwagen durch Deutschland fahren und in Städten ohne ständiges Theater zu Nutz und Frommen der reiferen Jugend und der bildungsbeflissenen Bürgerschaft deutsche Dichtungen schlicht und fröhlich aufführen. Zur Deckung der Unkosten für die Kostüme erheben sie einen Eintrittspreis von 35 Pfg. Die kurze Zeit für die Ankündigung erklärt sich aus einem Unglücksfall, den die

fahrenden Schüler mit einem ihrer Pferde hatten.
Theaterlokal ist die Sektkellerei.“ [9]

Schultheater war in den 1920er Jahren noch kein reguläres Schulfach. Das Theaterspiel pflegte Wilhelm Blume aus pädagogischen Gründen. Es sollte bei den Schülern Fähigkeiten wecken, die im rein kognitiven Unterricht nur schwer zu entwickeln sind: Körpergefühl, Sprechtechnik, sinnliche Wahrnehmung und Ensemblegeist. Aus Erfahrung wusste er, dass Schüler, die Theater spielen, selbstbewusster und kreativer werden und in ihrer Persönlichkeit reifen. Damit verfolgte er ein wichtiges Ziel der Reformpädagogik.

Schultheater als Medium der Zeitkritik

Das Theaterspiel unter Rudi Müller hatte immer auch die Dimension der kritischen Auseinandersetzung mit der Welt. Die aufgeführten Stücke sollten aktuelle Zeitbezüge ermöglichen und gesellschaftliche Zustände bewusst machen. Bei der Auswahl der Stücke spielte die Frage eine Rolle, ob Gehalt und Personal der Stücke das Potential besitzen, Gegenwärtiges zum Sprechen zu bringen. Künstlerischer Anspruch und didaktischer Nutzeffekt gingen also Hand in Hand. Rudi Müller war zudem davon überzeugt, dass die künstlerischen Ansprüche an die einzelnen „Schauspieler“ und der kreative Gruppenprozess Herausforderungen bilden, die die persönlichkeitsbildenden Effekte der anderen Schulfächer weit übertrafen. Mit dieser Einsicht war Rudi Müller ein würdiger Erbe reformpädagogischer Theatertradition.

Helmut Sommer (1977-1992)

Zurück in die reformpädagogische Spur

1977 übernahm Helmut Sommer das Amt des Schulleiters. Er kam von der Thomas-Mann-Gesamtschule im Märkischen Viertel, hatte also Erfahrung mit Schülern gesammelt, die aus schwierigen sozialen Verhältnissen stammen. An seiner alten Schule war er Fachleiter für Arbeitslehre gewesen. Dieses praktische Fach bot Schülern die Erfolgserlebnisse, die ihnen im kognitiv dominierten Fachunterricht nicht vergönnt waren. Die Gesamtschulpädagogik als Erfahrungshintergrund war keine schlechte Voraussetzung für die Leiterfunktion der Schulfarm. Der neue Schulleiter erhielt vom Senat von Berlin den Auftrag, die Schulfarm wieder attraktiver zu machen, vor allem die Einheit von Schule und Internat zu stärken. Es galt, die Zahl der Schüler zu erhöhen, um die Auslastung der Gebäude rentabler zu gestalten. Es gelang der Schule tatsächlich, die Schülerzahlen von 140 im Schuljahr 1977/78 auf 175 im Schuljahr 1981/82 zu erhöhen. Helmut Sommer schaffte es auch, den auf der Insel eingerissenen Schlendrian einzudämmen, indem er für Schule und Internat klare Regeln vorgab. Für neue Lehrkräfte war der Dienst im Internat obligatorisch, so dass das bisherige Übergewicht der Sozialarbeiter in der Internatsbetreuung behoben wurde. Die gemeinsamen Nachtdienste eines Lehrers und eines Sozialpädagogen trugen zur Besänftigung der Animositäten der beiden Berufsgruppen bei. Das größte Verdienst Helmut Sommers liegt in der Wiederbelebung der „Innungen". Von Klasse 7 bis

10 musste sich jeder Schüler einer Innung zuordnen, in der er an einem Nachmittag in der Woche arbeiten musste. Auf diese Weise wurde wenigstens im Ansatz die alte Scharfenberger Tradition der Arbeit für die Gemeinschaft wiederbelebt. Damals hatten die wichtigsten Innungen, wie Tischlerei, Schlosserei, Gärtnerei und Bauernhof, einen professionellen Handwerksmeister bzw. einen diplomierten Landwirt an der Spitze, was der Qualität der Innungsarbeit sehr zugute kam.

Florian Hildebrand (1992-1998)

Das Scheitern eines Reformversuchs

In die Zeit der Leitertätigkeit von Florian Hildebrand fiel die Drohung des Berliner Senats, die Schulfarm Scharfenberg aus Kostengründen zu schließen. Die Schulfarm hatte an Ausstrahlung und Anziehungskraft deutlich eingebüßt, sodass das Internat nicht mehr ausgelastet war. Eine kleine Gruppe aus Lehrern, Eltern und Schülern entwarf ein Reformkonzept, das sich sehr stark an den reformpädagogischen Prinzipien der Gründerzeit orientierte, ohne zu verkennen, dass die Konzepte aus den 1920er Jahren in eine zeitgemäße Pädagogik "übersetzt" werden müssen. Die zentralen Punkte des „Konzeptionsvorschlags" vom 16. 8. 1996 lauteten:

- *Das reformpädagogische Konzept der „Einheit von Lernen und Leben" verlangt nach dem Einsatz von Lehrern in Schule u n d Internat.*

- *Die Dienstwohnungen auf Scharfenberg werden für die „Gruppenväter und -mütter" reserviert.*

- *Eine wesentliche Voraussetzung für das Funktionieren der Innungen ist die Besetzung a l l e r Stellen.* [10]

Das Konzept schlug vor, das schulische Profil an den Fächern Biologie, Bildende Kunst und Darstellendes Spiel auszurichten. Die einmalige Naturlage sei für biologische Erkundungen ideal, die Ausstattung im Kunsthaus für künstlerische Betätigungen aller Art bestens geeignet. Mit Darstellendem Spiel wandele die Schulfarm auf den Spuren der Schulgeschichte. Das Konzept plädierte dafür, fachübergreifendes und projektbezogenes Lernen zu betonen, weil sich dadurch die Sinnhaftigkeit des Lernprozesses erhöhe.

Der Konzeptionsvorschlag wurde von der Bezirks-verordnetenversammlung Reinickendorf und vom Landeschulamt unter Leitung von Oberschulrat Wilfried Seiring befürwortet. Während die Schüler- und die Elternvertretung der Schulfarm Scharfenberg das Konzept begrüßten, lehnte es die Gesamtkonferenz der Lehrer ab. Auch die Schulleitung stimmte dagegen. Damit war der Reformversuch gescheitert. Die Folge war ein radikaler Bruch mit der Tradition: 2002 wurde das Internat von der Schule abgekoppelt und einem privaten Sozialträger übergeben. Die Lehrer zogen sich vollkommen aus der Internatsarbeit zurück. Das Gymnasium öffnete sich für Schüler der umliegenden Wohngebiete und gewann dadurch den Charakter eines normalen Berliner Gymnasiums. Auf Grund seiner Lage auf einer Insel in schönster Naturlage war es anfangs bei den Eltern der umliegenden Ortsteile sehr beliebt. Nachdem die Schulfarm Scharfenberg 2006 eine zentral verwaltete Schule geworden war, ließ sich der Senat die Einrichtung etwas kosten. Neue Gebäude, wie Schulhaus, Gewächshaus, Umkleideraum in der Turnhalle, wurden errichtet. Die Wohnhäuser der Schüler wurden grundsaniert und modernen Wohnstandards angepasst. Der Weg vom reformpädagogischen Kleinod zur normalen Stadtschule war dadurch abgeschlossen.

Berlin, 2021

Anmerkungen

1. Wolfgang Pewesin: in: 60 Jahre Schulfarm Scharfenberg, 1922-1982, S. 74 (Scharfenberg-Archiv)

2. Wolfgang Pewesin: zit. nach Haubfleisch, a.a.O. Bd. 2, S. 913

3. Ders. ebd. S. 912

4. Wolfgang Pewesin: Die Erneuerung der Schulfarm, 1949-1969, in: 60 Jahre Schulfarm Scharfenberg, 1922-1982, S. 48

5. Wolfgang Pewesin: Brief des Leiters der Schulfarm an das Kollegium als Rote Fahnen auf Scharfenberg gehisst worden waren, in: 60 Jahre Schulfarm Scharfenberg, 1922-1982, S. 70

6. Ebd. S. 73

7. Rudi Müller: Brief zum ´Sechzigsten`, 14. März 1982, in: 60 Jahre Schulfarm Scharfenberg, 1922-1982, S. 85

8. Rudi Müller: Rede zum ´Fünfzigsten`, 1972, in: 60 Jahre Schulfarm Scharfenberg, 1922-1982, S. 80

9. Scharfenberg-Archiv

10. Rainer Werner: Schulfarm Insel Scharfenberg, 1995-1997, Chronik eines Reformversuchs, Berlin 1998, S. 120 ff.

Autofähre nach Scharfenberg

Das Neue im Alten suchen

Vorschlag für ein reformpädagogisches Profil der Schulfarm Scharfenberg

Es fügt sich, dass im Scharfenberger Jubiläumsjahr 2022 zugleich die Schulform Gymnasium ihr zweihundertzehnjähriges Bestehen feiert. Im Zuge der preußischen Reformen nach der vernichtenden Niederlage gegen Napoleon gründete Wilhelm von Humboldt in einem Erlass vom 12. November 1812 das Humanistische Gymnasium. Der wissenschaftspropädeutische Ansatz, der das Gymnasium noch heute auszeichnet, und die Gleichrangigkeit aller Fächer im Bildungskanon wurden zu seinem Markenzeichen. Mit dem Gymnasium verbindet sich seit Humboldt der Anspruch auf eine ganzheitliche, alle Sinne des Heranwachsenden ansprechende Bildung. Bildung ist nicht primär Ausbildung für einen späteren Beruf, sondern die zweckfreie Aneignung von Wissen durch das Eindringen des kindlichen Geistes in fremde Wissensgebiete. Bildung schafft nicht nur die Voraussetzung für eine spätere Berufskarriere. Bildung schenkt dem Menschen auch Zufriedenheit und Glück. In dem von der „Bertelsmann Stiftung" veröffentlichten „Deutschen Lernatlas" (2011) wird eine gute Bildung als *„Human- und Sozialkapitalfaktor"* ausgewiesen: "*Wo lebenslang gelernt wird, sind die Menschen glücklicher, das Zusammenleben sozial gerechter und die Gesellschaft wohlhabender!*"[1]

Die Unterrichtskultur am Gymnasium ist vielfältig, anregend und auf alle Begabungen abgestimmt. Selbst Projektunterricht, der an Schulen nicht selten misslingt, weil ihm keine vernünftige Struktur gegeben wird, kann am Gymnasium erfolgreich durchgeführt werden, weil es genügend kluge Schüler gibt, die für die Planung Verantwortung übernehmen und diese Aufgabe intellektuell auch blendend bewältigen. Das Gymnasium leistet durch seine positive Leistungsmotivation – im Streben nach Wissen sind alle Kinder gleich – und durch sein reichhaltiges kulturelles Leben einen nachhaltigen Beitrag zur Integration aller Kinder, egal aus welcher sozialen Schicht oder Ethnie sie den Weg aufs Gymnasium gefunden haben.

Profil als Markenzeichen

Wenn Schulen fachliche Schwerpunkte betonen, wollen sie sich im Wettbewerb der Schulen profilieren. Häufig führen sie die Tradition fort, für die sie in der Öffentlichkeit stehen, durch die sie mitunter auch berühmt wurden. Wenn in Berlin vom „Evangelischen Gymnasium zum Grauen Kloster" die Rede ist, weiß der informierte Zeitgenosse, dass es sich um ein altsprachliches Gymnasium handelt. Das „Heinrich-Hertz-Gymnasium" gilt in der Öffentlichkeit als naturwissenschaftliches Gymnasium. Die Schulfarm Insel Scharfenberg hatte in den elf Jahren, die ihr zwischen ihrer Gründung und der Machergreifung Hitlers blieben, einige pädagogische Neuerungen geschaffen, die sie in der ganzen Republik bekannt machten. Das waren vor allem der fächerverbindende Unterricht in Mittel- und Oberstufe („Gesamtunterricht" und „Kulturunterricht") sowie das Kern-Kurs-System in der Oberstufe. Dazu kam die direkte Demokratie, die alle Mitglieder der Schulgemeinschaft in die Gestaltung des Insellebens einbezog. Wenn von der Schulfarm Scharfenberg die Rede war, dachten Pädagogen sofort an ganzheitliche Bildung (Lernen mit Kopf, Herz und Hand), die Stärkung der Selbstverantwortung der Schüler (Entfaltung der Persönlichkeit) und die Erziehung zur Gemeinschaft (Schülerselbstverwaltung). Blume selbst versuchte, die Scharfenberger Schulidee weiterzutragen, indem er andere Schulen zur Nachahmung aufrief. In die Normalschulen drangen die Scharfenberger Ideen durch Vorträge und Publikationen, durch Besucher und Hospitanten und nicht zuletzt durch die auf Scharfenberg ausgebildeten Referendare.

Wenn heute von der Schulfarm Scharfenberg die Rede ist, denkt man vor allem an die ruhmreiche Vergangenheit. Was die Schulfarm Scharfenberg gegenwärtig auszeichnet, was sie heute von anderen Gymnasien positiv unterscheidet, wüsste niemand zu sagen, wohl auch nicht die gegenwärtig auf der Insel tätigen Lehrkräfte. Deshalb sollte das 100-jährige Jubiläum Anlass sein, sich über eine pädagogische Konzeption Gedanken zu machen, die eine zeitgemäße schulische Bildung und Erziehung ermöglicht, indem sie den Reformansatz aus Blumes Zeit fruchtbar macht. Schule als Lern-, Lebens- und Erfahrungsraum zu gestalten ist traditionell, weil darin Blumes Grundidee liegt. Die Idee ist aber auch modern, weil sie der Jugend einen Gegenentwurf zur entsinnlichten Erfahrung in der technisierten und digitalisierten Welt bietet. Auf die kluge Synthese von alt und neu kommt es an.

Profilschwerpunkt: Schultheater

Das Scharfenberger Schultheater sollte bei der Wiederbelebung reformpädagogischer Traditionen eine zentrale Rolle spielen. Gerade weil das Fach Darstellendes Spiel auf Scharfenberg erfunden wurde, sollte Theater wieder zum Glanzpunkt der Inselpädagogik ausgebaut werden.

Lernforscher schätzen die Auswirkungen des Theaterspiels auf die Schülerpersönlichkeit hoch ein. Im Theaterspiel entwickeln Schüler ein Gespür für Sprache, soziale Situationen und emotionale Haltungen. Sie gewinnen an Selbstbewusstsein, Kreativität und Fantasie. Sie schulen ihr Körpergefühl, wenn sie auf der Bühne agieren und komplexe Bewegungen im Zusammenspiel mit anderen Schauspielern trainieren. Sie müssen sich über längere Zeiträume konzentrieren, ihre Aufmerksamkeit fokussieren und ein Projekt mit Ernsthaftigkeit zum Abschluss zu bringen. Die im Theaterspiel erworbenen Eigenschaften strahlen auch auf andere Schulfächer aus. Das macht Theaterspiel pädagogisch so wertvoll. Schultheater kann bei der Verzahnung der Künste gute Dienste leisten. Zum Gelingen eines Theaterprojekts trägt Bildende Kunst durch den Bau von Kulissen oder das Malen von Prospekten genauso bei wie die Musik mit der Komposition von Songs und dem Auftritt einer Liveband. Der fachübergreifende Unterricht, die

Planung eines gemeinsamen künstlerischen Projekts – hier sind sie in idealer Weise möglich und ohne allzu viel theoretischen Vorlauf zu verwirklichen. Auch Eltern können mit ihren technisch-handwerklichen Fertigkeiten im Rahmen einer Inszenierung mitwirken.

Wenn die Schulfarm Scharfenberg das Schultheater zum wichtigsten Profilschwerpunkt bestimmt, müssten folgende Schritte in die Wege geleitet werden:

- Stärkung des Fachbereichs Darstellendes Spiel durch die Rekrutierung guter Theaterlehrkräfte; Erhöhung der Attraktivität durch die Ausschreibung einer A 15- oder A 14 – Stelle,

- Durchgängiger Theater-Unterricht von Klasse 7 bis 12: 7/8: Theater-Arbeitsgemeinschaft; 9/10: Wahlpflichtkurs Schulspiel; 11/12: Kurs Darstellendes Spiel,

- Technische Verbesserung des Equipments im Theaterbereich,

- Fortbildungskurse für Lehrkräfte für Darstellendes Spiel auf der Insel,

- TUSCH-Partnerschaft und Zusammenarbeit mit dem „Landesverband Theater in Schulen" (LVTS),

- Austausch guter Inszenierungen mit den Gymnasien des Bezirks Reinickendorf,

- Schaffung einer neuen Spielstätte im Außenbereich: Bau eines Amphitheaters zwischen Bio-Pavillon und Kunsthaus („Blumehaus"),

- Einladung der Bewohner der umliegenden Stadtteile zu den Theateraufführungen auf der Insel Scharfenberg.

Profilschwerpunkt: projektbezogenes Lernen

Der „Gesamtunterricht", den Wilhelm Blume an der Mittelstufe der Schulfarm Scharfenberg verwirklichte, war im Kern ein Projektunterricht. Er ermöglichte fachübergreifendes Lernen, indem er die Wissensgebiete verschiedener Fächer miteinander verknüpfte. Anfänglich ergaben sich die Projektthemen aus dem Lebenszusammenhang der Inselbewohner. Später kamen Themen hinzu, die die ganze Welt in den Blick nahmen. Die lebensnahen Projekte hatten einen praktischen Anteil. Üblich waren Exkursionen, um vor Ort zu überprüfen, was zuvor theoretisch erarbeitet worden war. Die Projektergebnisse wurden in einem „Produkt" präsentiert, z.B. in einer Ausstellung, einer Theateraufführung oder einem Vortrag vor der Inselgemeinschaft.

In der heutigen Didaktik herrscht darüber Konsens, dass das traditionelle, fachlich parzellierte Lernen dem Bedürfnis der Schüler nach ganzheitlicher Wahrnehmung und Erkenntnis nicht ausreichend gerecht wird. Das Fehlen sinnvoller Lernzusammenhänge im traditionellen Fachunterricht wird für die verbreitete Lernunlust der Schüler mit verantwortlich gemacht. Einen Ausweg kann der Projektunterricht bieten, weil er die für die Erarbeitung eines Themas nötigen Wissensgebiete miteinander verknüpft und so einen plausiblen Sinnzusammenhang schafft. Projektunterricht ermöglicht zudem die für Heranwachsende wichtige Selbstverantwortung. Sie sind gezwungen, im Verlauf aller Projektphasen den Lernprozess selbst zu planen, zu evaluieren und zu optimieren. Studien haben gezeigt, dass die Lernfreude beim Projektlernen deutlich größer ist als im traditionellen Fachunterricht, weil die Sinnhaftigkeit im fächerverbindenden Lernprozess zunimmt. Da Projektlernen immer auch einen praktischen Anteil enthält, wird neben der geistigen Entwicklung auch die körperlich-manuelle Geschicklichkeit gefördert. Die Handlungsorientierung, die dem Projektlernen eigen ist, und die Einbeziehung außerschulischer Lernorte erhöhen zusätzlich den emotionalen Reiz beim Lernen.

Die Schulfarm Scharfenberg sollte in Weiterführung der Blumeschen Tradition das Projektlernen wieder zu ihrem Markenzeichen erheben. In jedem Schulhalbjahr sollte eine Woche für die Durchführung eines Projekts reserviert werden. Ideal wäre ein übergreifendes Thema, in das mehrere Unterrichtsfächer eingebunden sind und das von Projektgruppen arbeitsteilig erarbeitet wird. Wie beim früheren „Lernen in anderer Form" (LiaF) sollten die Projektgruppen ihre Ergebnisse der Schulöffentlichkeit präsentieren.

Die Didaktik der Projektlernens verkennt nicht die Probleme, die in dieser für Lehrkräfte ungewohnten Unterrichtsform lauern. Lehrkräfte müssen einerseits lernen, sich zurückzunehmen, weil die Selbsttätigkeit der Schüler im Vordergrund steht. Auf der anderen Seite müssen sie als Berater und fachliche Experten in allen Phasen präsent sein. Mit ihrer Erfahrung und ihrer fachlichen Kompetenz helfen sie, Durststrecken zu überwinden und die Motivation der Schüler hochzuhalten. Die Rolle der Lehrkraft beim Projektlernen hat Maria Montessori am treffendsten beschrieben, als sie die Bitte eines Kindes aufgezeichnet hat: *„Hilf mir, es selbst zu tun. Zeig mir, wie es geht. Tu es nicht für mich. Ich kann und will es allein tun. Hab Geduld, meine Wege zu begreifen. Sie sind vielleicht länger, vielleicht brauche ich mehr Zeit, weil ich mehrere Versuche machen will. Mute mir Fehler zu, denn aus ihnen kann ich lernen."*[2] Wenn die Lehrkraft dieses Prinzip beherzigt, wird sie nicht nur das Projekt zum Erfolg führen. Sie wird auch für den normalen Fachunterricht die Erkenntnis gewinnen, dass man Schülern durchaus mehr zutrauen kann, als man es bislang getan hat.

Zwei Beispiele für fächerverbindende Projekte:

Die Renaissance: Epoche einer Wende

Beteiligte Fächer	Themen
Geschichte / PW	Erarbeitung der gesellschaftlichen Veränderungen
Erdkunde / Physik	Zeitalter der Entdeckungen

	und Erfindungen, heliozentrisches Weltbild
Biologie / Chemie	Das Wissen über den Menschen vor und nach der Renaissance
Musik	Die Komponisten der Renaissance
Bildende Kunst	Renaissance in Malerei und Architektur
Deutsch	Bertolt Brecht: „Leben des Galiliei"
Englisch	englische Literatur zur Zeit der Renaissance: Shakespeare
Praktische Erkundungen	Museumsbesuche, historisch-architektonischer Stadtrundgang

Der Bauernhof: Geschichte einer Kulturform

Beteiligte Fächer	Themen
Erdkunde / Geschichte / PW	Entwicklung der Landwirtschaft in der Menschheitsgeschichte, Formen der landwirtschaftlichen Nutzung, Hoftypen, Das Bauerntum im Fokus politischer Ideologien
Physik	bäuerliche Gerätschaften, Energiegewinnung auf dem Bauernhof: Wasser- und

	Windmühlen
Biologie / Chemie	Nutzpflanzen, Nutztiere, Bewirtschaftungs- und Kultivierungsformen, ökologischer Landbau, Zuchtformen in der Landwirtschaft: traditionelle Zucht, Gentechnik
Deutsch	Romane, Novellen und Erzählungen über bäuerliche Lebensformen (Adalbert Stifter, Gottfried Keller u.a.)
Bildende Kunst	Das bäuerliche Leben im Spiegel der Malerei
Praktische Erkundungen	Besuche auf Bauernhöfen unterschiedlicher Bewirtschaftung (traditionell, ökologisch), Besuch des Höllberghofs im Naturpark Niederlausitzer Landrücken und des Museumsdorfs Hösseringen in der Lüneburger Heide

Berlin, 2021

Anmerkungen

1. https://www.bertelsmann-
   stiftung.de/de/publikationen/publikation/did/deutscher-
   lernatlas-ergebnisbericht-2011

2. Bitte eines Kindes an Maria Montessori, zit. nach:
   http://www.montessori-erding.de/verein/montessori-
   paedagogik, 22.07.2015

Insel Scharfenberg von oben

Geschichte der Insel Scharfenberg

Datum	Ereignis
Bronzezeit (2200 - 800 v. Chr.)	Siedlungen auf der Insel Scharfenberg
nicht exakt datierbar	Slawische Besiedlung; Pfahlbaureste in einer Scharfenberger Bucht
1230	Bau des Spandauer Stauwehrs an der Havel; Rückstau des Wassers, Entstehung der Insel Scharfenberg
1236	Anlage des Dorfes Tegel als Besitz des Landesherren Markgraf Johann I. (1220-1266) – Die Insel Scharfenberg gehört zum Dorf.
unbekannt	Dorf Tegel gelangt samt der Insel Scharfenberg in den Besitz des Benediktinerinnenklosters St. Marien in Spandau.
1558	Säkularisierung des Klosters durch Kurfürst

	Joachim II.; Dorf Tegel kommt inkl. der Insel Scharfenberg zum kurfürstlichen Amt Spandau. Gründung eines Vorwerks samt Schloss in Tegel durch den Kurfürsten
1618-1648	Dreißigjähriger Krieg: Bauern aus den umliegenden Dörfern suchen auf der Insel Zuflucht vor marodierenden Soldaten.
1693	Kurfürst Friedrich III. (späterer König Friedrich I.) kauft das Gut Tegel samt der Insel Scharfenberg zurück.
1714	Erste urkundlichen Erwähnung der Insel Scharfenberg in einem Kirchenmatrikel, den der Prediger Schlüter unter Angabe des Ortes Dalldorf (heute: Wittenau) angefertigt hat (Wietholz: Geschichte des Dorfes und Schlosses Tegel, Urkundenteil, U 30, S.28)
1752	Der Kammerdiener des Prinzen Ferdinand, Christian Ludwig Möhring, erwirbt das Gut Tegel zur Erbpacht; König Friedrich II. verpflichtet ihn, als Gegenleistung 10.000 Maulbeerbäume anzupflanzen.
1760	Johann Friedrich Struwe erwirbt die Insel

	Scharfenberg in Erbpacht. Danach erfolgt ein mehrfacher Wechsel des Pächters.
1772	Der Kolonist Eckholdt wird Pächter der Insel Scharfenberg; Hopfenanbau auf der Insel
1777	Georg von Humboldt wird Pächter der Insel Scharfenberg. Bau der Stallscheune im Eingangsbereich der Insel
1822	Wilhelm von Humboldt erhält Scharfenberg als freies Eigentum.
Mitte des 19. Jh.	Anstieg der Verkaufspreise für die Insel Scharfenberg von 3.000 Talern (1853) auf 25.000 Taler (1865)
1867	Kauf der Insel durch den Biologen Carl August Bolle (1821-1909); Anlage eines dendrologischen Gartens auf der Insel, Bau einer repräsentativen Villa
1871	Einschlag eines Geschosses vom Schießplatz Tegel auf der Insel; Bildung eines tiefen Kraters
1910	Ein Neffe von Bolle verkauft die Insel

	Scharfenberg an die Stadt Berlin.
1921 1922	Einrichtung einer Sommerschule durch Studienrat Wilhelm Blume. Gründung der Schulfarm Scharfenberg als Reformschule.

Die Informationen basieren auf dem Aufsatz von Meinhard Schröder „Die Insel Scharfenberg – Versteck, Holzlieferant, Spekulationsobjekt, Wundergarten, Kugelfang und Schulstandort". Er wurde in der Festschrift zum Scharfenberg-Jubiläum 2022 abgedruckt.

Berlin, 2021

Mittelweg auf Scharfenberg, Aquarell (R.W.)

Führung über die Insel Scharfenberg

Geschichtswerkstatt Tegel: „Tegeler Geschichtssonntage"

Herzlich willkommen zur Führung über die Insel Scharfenberg. Sie ist mit 20,2 Hektar Fläche die größte von sieben Inseln im Tegeler See. Entstanden ist sie wie der See und die anderen Inseln in der Kaltzeit, die manchmal auch kleine Eiszeit genannt wird, also vor 12.000 Jahren, als ganz Norddeutschland mit einem dicken Eispanzer bedeckt war. Das aus Skandinavien nach Mitteleuropa vorgedrungene Eis hatte Rinnen und Mulden geschaffen, die sich nach dem Abschmelzen des Eispanzers mit Wasser füllten und die Flüsse und Seen in der Norddeutschen Tiefebene bildeten. Die Erhebungen wurden dabei zu Inseln. Den endgültigen Wasserstand erreichte der Tegeler See im Jahr 1230, als die Havel in Spandau durch ein Wehr aufgestaut wurde. Der Rückstau des Wassers ergab das heutige Profil der sieben Inseln im Tegeler See.

Die Insel Scharfenberg ist einen Kilometer lang und verläuft in Nord-Süd-Richtung, wir befinden uns hier an der Nordspitze. Die Insel ist so schmal, dass man vom Mittelweg aus links und rechts das Wasser sehen kann. Der nördliche Teil der Insel, in dem sich die Schule befindet, ist Landschaftsschutzgebiet, der südliche Teil steht unter Naturschutz.

Der Name Scharfenberg verdankt sich einer Legende. Der Sage nach landeten in der Walpurgisnacht, also am 30. April, Hexen aus dem osteuropäischen und asiatischen Raum, die es nicht mehr auf den Brocken im Harz ("Blocksberg") schafften, weil sie müde oder flügellahm waren. Sie ließen sich auf der höchsten Erhebung der Insel, die hier an der Nordspitze liegt und ca. 10 m beträgt, nieder und feierten ihren eigenen Hexensabbat. Weil man unter Hexen "scharfe Frauen" verstand, wurde der Hügel "scharfer Berg" getauft, woraus dann der Name Scharfenberg wurde.

Die erste urkundliche Erwähnung der Insel findet sich in einem Kirchenmatrikel in Spandau und ist datiert auf das Jahr 1714. Dem Eintrag zufolge hatte das dortige Benediktinerinnenkloster St. Marien seit dem Hochmittelalter die Grundherrschaft über die Insel Scharfenberg inne. Das Kloster war 1239 von den Markgrafen von Brandenburg Johann I. und Otto III., genannt „Der Fromme", gegründet worden. In ihm wohnten 60 bis 70 Nonnen, zumeist adelige Fräulein, die auf dem Heiratsmarkt keinen Mann gefunden hatten und deshalb ins Kloster gingen. Hier erhielten sie eine umfassende Ausbildung. Sie arbeiteten im angeschlossenen Krankenhaus und als Lehrerinnen in dem dazugehörigen Mädcheninternat. Das Kloster verfügte über einen umfangreichen Grundbesitz. Er resultierte aus den Schenkungen, die die adeligen Frauen beim Eintritt in das Kloster leisteten. Elf Dörfer gehörten zum Kloster St. Marien, darunter Lankwitz, Lietzow (Charlottenburg), Lübars, Gatow, Kladow, Seeburg, Tegel, Dalldorf (Wittenau) und Plötzensee. Der klösterliche

Landbesitz umfasste auch die Insel Scharfenberg, die damals zu Tegel gehörte. Das Spandauer Kloster gibt es heute nicht mehr, auch das Gebäude ist verschwunden. Nur noch die Namen Klosterstraße, Jungfernheide und Nonnendammallee erinnern an seine Existenz. Im Rahmen der Säkularisierung des Kirchenbesitzes im Jahre 1558 wurden die Klostergüter dem Besitz der Herzöge und Könige zugeschlagen. So wurde auch das Spandauer Kloster aufgelöst, sein Besitz dem Markgrafen von Brandenburg übergeben. Die Nonnen durften jedoch bis zu ihrem Tod im Kloster bleiben.

Die Benediktinerinnen verpachteten die Insel Scharfenberg an Bauern. Die ersten Pächter waren Kolonisten, die die bewaldete Insel rodeten, um landwirtschaftliche Flächen zu gewinnen. Quellen deuten darauf hin, dass während des 30-jährigen Krieges die Bauern aus den umliegenden Dörfern auf der Insel Schutz suchten, wenn marodierende Truppen ihre Dörfer heimsuchten. Im dichten Wald und Gebüsch konnten sie sich mit ihren Familien gut verstecken.

1755 wurde die Insel Scharfenberg zum Objekt eines Handels zwischen dem preußischen König Friedrich II. und dem damaligen Pächter des Gutes Tegel, Hofrat Christian Ludwig Möhring. Dieser hatte im Auftrag des Königs eine Plantage mit 10.000 Maulbeerbäumen angelegt. Als Entschädigung für die verlorenen Ackerflächen erhielt er die Inseln Reiherwerder, Hasselwerder, Lindwerder, Baumwerder und Scharfenberg. Friedrich II. war ein entschiedener Verfechter der Seidenraupenzucht. Durch inländische Zucht wollte er die hohen Kosten für die Einfuhr chinesischer Seide vermeiden und den Bauern zudem ein Nebenerwerbseinkommen ermöglichen. Er ordnete an, dass auf Schul- und Kirchhöfen und an Alleen Maulbeerbäume gepflanzt werden mussten. Einige der knorrigen Maulbeerbäume aus Friedrichs Zeiten stehen heute noch in Berlin. 1766 kam das Gut Tegel samt Jagdschloss durch Heirat in den Besitz von Alexander Georg von Humboldt, dem Vater von Wilhelm und Alexander. Ein Jahr später, 1777, konnte er die Erbpachtrechte über die Insel Scharfenberg erwerben. Aber erst sein Sohn Wilhelm gliederte 1822 die Insel vollständig in seinen Besitz ein, als er die Umwandlung der Erbpacht an Gut und Schloss Tegel in ein Allodialgut (volles Eigentum) erwirkte.

★★★★★★★★★★★★★★★★★★

Wir stehen hier im denkmalgeschützten Eingangsbereich der Insel Scharfenberg, dem Dreiseitenhof. Dreiseitenhöfe sind typisch für die bauliche Gestaltung norddeutscher Bauernhöfe. Im Hintergrund steht in der Regel das Herrenhaus, links und rechts befinden sich Remisen und Wirtschaftsgebäude. Die Planer der Bebauung auf Scharfenberg haben sich offensichtlich an dieser Siedlungsform orientiert. Auf der linken Seite sehen Sie das älteste Gebäude der Insel, die sog. Stallscheune, die von der Familie Humboldt 1777 errichtet wurde. Sie ist mit Reet (Schilfrohr) gedeckt, das im Zuge der Renovierung Anfang der 2000er Jahre erneuert wurde. Stallscheunen sind eher selten, weil man die Haltung der Tiere aus hygienischen Gründen gerne von der Lagerung von Getreide trennt.

Im Hintergrund sehen Sie ein Gebäude aus roten Backsteinen. Es ist das sog. Gärtnerhaus, das für den Insel-Gärtner gebaut wurde. Nach dem ersten Gärtner der Schulfarm wird es auch „Braunhaus" genannt. Heutige Bewohner sind der Hausmeister der Schule und die Landwirtin. Das Gebäude stammt aus dem letzten Drittel des 19. Jahrhunderts und entspricht dem Baustil der Backsteinvilla, der in der Gründerzeit weit verbreitet war.

(Verweis auf das Cover des Buches "Scharfenberg unter dem Hakenkreuz", das zeigt, wie im Januar 1933 auf dem Dach des Braunhauses die Fahne der Weimarer Republik eingeholt und statt ihrer die Hakenkreuzfahne gehisst wird. Das Foto stammt von Ernst Halberstadt, einem Enkel von Siegmund Freud, der als Schüler die Schulfarm besuchte. Er verließ kurz danach die Schule und ging mit seinem Onkel nach England ins Exil. Dort nannte er sich Ernest Freud.)

Auf der rechten Seite sehen Sie das modernste der drei Gebäude am Eingangsplatz. Es ist das Fährhaus und stammt von dem Architekten Richard Ermisch aus dem Jahr 1927. Das Gebäude ist dem Bauhausstil verpflichtet, also ein funktionaler Bau mit einfachen Formen und Flachdach. Die Architektur des Hauses folgt dem Motiv des Schiffsbugs. In der vorderen Rundung befindet sich unten die Wachstube der Fährleute, oben eine Schifferstube zum Übernachten. Das bekannteste Gebäude, das Ermisch in Berlin errichtet hat, ist die Eingangshalle zum Berliner Messegelände (Nordflügel).

★★★★★★★★★★★★★★★★★★★★★★★

Hier sehen Sie einen Gedenkstein für einen weiteren prominenten Besitzer der Insel Scharfenberg: Carl August Bolle (1821-1909). Er entstammt der Bolle-Dynastie, die durch Bierbrauen reich geworden ist. Der Reichtum der Familie machte es möglich, dass Carl August seinen privaten Studien nachgehen konnte. Er studierte Medizin und Biologie. Die Naturforschung machte er zu seinem Hobby. Zusammen mit Alfred Brehm gründete er die Deutsche Ornithologen-Gesellschaft. Er entdeckte eine Taubenart, die Lorbeertaube, und die Säulen-Silber-Pappel. Ihre lateinischen Bezeichnungen führen deshalb seinen Namen. Im Jahre 1867 erwarb C. A. Bolle die Insel Scharfenberg. 1884 baute er eine Villa mit einem hohen Turm, von dem aus man den ganzen Tegeler See überblicken konnte. Sie wurde 1958 wegen angeblicher Baufälligkeit abgerissen. An derselben Stelle wurde 1961 das Zentralgebäude der Schule, ein nüchterner Zweckbau, errichtet. Von seinen zahlreichen Auslandsaufenthalten brachte Bolle Setzlinge und Samen von exotischen Bäumen mit, die er auf der Insel anpflanzte. Es sollen über 1.200 fremdländische Bäume und Sträucher gewesen sein. Mit den Bäumen legte er einen dendrologischen Garten (Arboretum) an und führte Besucher durch die Anpflanzungen. Scharfenberg soll damals die bedeutendste Gehölzsammlung in Norddeutschland beherbergt haben. Als Bolle 1909 starb, verkaufte sein Neffe die Insel an den Berliner Magistrat. Begraben liegt Bolle auf dem Alten St. Matthäus-Kirchhof in Berlin-Schöneberg. Was Sie hier sehen, ist also kein Grab-, sondern ein Gedenkstein.

Waldstudie auf Scharfenberg, Aquarell (R.W.)

★★★★★★★★★★★★★★★★★★★★★★★

Wir befinden uns jetzt im Innenhof der Schulfarm Scharfenberg. Sie sehen hier das Zentralgebäude mit Verwaltungstrakt, Lehrerzimmer, Mensa und Küche. Rechts davon liegt das moderne Schulgebäude, das 2008 errichtet wurde. In der Mensa erhalten die Schüler mittags eine warme Mittagsmahlzeit, die Internatsschüler auch Frühstück und Abendbrot. Bei schönem Wetter können sie auf der Terrasse mit Blick auf den See essen. Können Sie sich eine schönere Schulumgebung vorstellen?

Gegründet wurde die Schulfarm im Frühjahr 1922 von Wilhelm Blume, einem 35-jährigen Studienrat am damaligen Humboldt-Gymnasium in Berlin-Mitte. Er stand unter dem Einfluss der Jugendbewegung "Wandervogel", die 1896 in Berlin-Steglitz gegründet worden war. 1920 gründete er eine "Schulgemeinde" (Schüler- und Lehrerversammlung) und suchte für deren gemeinsame Ausflüge ein Schulgemeindehaus. Zuerst diente dafür ein Waldarbeiterhaus in der Stolper Feldmark, nordwestlich von Berlin. Blumes Vorbild war die Jasnaja Poljana von Leo Tolstoi, eine naturnahe Internatsschule. In dem Stolper Waldarbeiterhaus verbrachten Schüler und Lehrer im Sommer die Wochenenden und die großen Ferien. Da es sich als zu klein erwies, suchte Blume eine größere Bleibe, die er schließlich auf der Insel Scharfenberg fand, wo die Bolle-Villa leer stand. So begann 1921 das Schulexperiment mit einer "Sommerschule", an der sich drei Lehrer (Blume, Cohn, Schmidt) und eine 10. Klasse vom Humboldt-Gymnasium in Berlin-Mitte beteiligten. Im Winter fand der Unterricht wieder in der Stammschule statt. Blume stellte dann den Antrag auf Dauerbetrieb der Sommerschule, den Schulrat Wilhelm Paulsen bewilligte. Am 4. Mai 1922 nahm die Schule als "Sammelwahlschule" im Versuchsstatus den Unterrichtsbetrieb auf. Beteiligt waren wieder drei Lehrer und eine 10. Klasse. Im Sommer 1923 – dem Jahr der großen Inflationskrise – begann die Eigenbewirtschaftung der Landwirtschaft mit Hilfe eines eingestellten Diplomlandwirts. Die ersten Werkstätten wurden gegründet, der Kulturunterricht der Mittelstufe und der Kern-Kurs-Unterricht der Oberstufe eingeführt. Die

Gemeinschaftsarbeit in den „Innungen" und in der Landwirtschaft entwickelten sich zum Markenzeichen der reformpädagogischen Schule. Schon 1923 erhielt die Schulfarm die Abiturberechtigung.

Das wichtigste Motto der Reformpädagogik, der sich die Schulfarm Scharfenberg verpflichtet fühlte, heißt: "Lernen mit Kopf, Herz und Hand". Dieses Prinzip stammt von dem großen Schweizer Pädagogen Pestalozzi. Neben das kognitive Verstehen (Kopf) tritt die Bildung der Persönlichkeit (Herz) und die Entwicklung der körperlichen, vor allem der manuellen Fähigkeiten (Hand) des Kindes. Die Reformpädagogen wussten, dass nur starke Persönlichkeiten in der Lage sind, sich im Strudel des Lebens zu bewähren. Ihr Lieblingswort war deshalb Goethes Lobpreis auf die Persönlichkeit aus seinem Gedichtzyklus "Westöstlicher Diwan": "*Höchstes Glück der Erdenkinder / Sei nur die Persönlichkeit.*"

In der Didaktik des Unterrichtens gingen die Reformpädagogen völlig neue Wege. Lange galten diese Lehrmethoden als "verschüttet". Selbst Lehrer wissen oft nicht, dass die didaktischen Konzepte, die ihnen heute als moderne Errungenschaften angepriesen werden, schon vor 100 Jahren von den Pionieren der Reformpädagogik ersonnen wurden. Das fächerverbindende Lernen verdankt sich der Erkenntnis, dass man am besten lernt im Zusammenhang der Dinge, den die wissenschaftliche Spezialisierung auseinandergerissen hat. Jahrgangsgemischte Lerngruppen erweisen sich als günstig, weil sich jüngere Schüler gerne von älteren belehren lassen und weil die älteren gerne Verantwortung übernehmen. Exkursionen zu fremden Lernorten erweitern den Horizont der Schüler, indem sie dem Lernen im Klassenzimmer eine praktisch-anschauliche Dimension hinzufügen. Projektunterricht dient dazu, den Schülern in einem begrenzten Bereich Eigenverantwortung für den Lernprozess zu übertragen.

In der Schulfarm Scharfenberg wurden Ansätze einer direkten Demokratie praktiziert. Auf Vollversammlungen der Schüler, Lehrer und Mitarbeiter, „Abendaussprachen" genannt, wurden alle wichtigen Belange der Schule diskutiert und beschlossen. In diesem „Parlament" hatten die Schüler volles Stimmrecht und konnten schon durch ihre Anzahl die Lehrer überstimmen. Auch Fährleute, der Bauer, der Tischler, der Schmied usw. durften abstimmen. Dadurch wurde verdeutlicht, dass die Schule als Lebensgemeinschaft ernst genommen wurde, zu deren Gelingen alle, ob Hand- oder Kopfarbeiter, beitragen müssen. Pädagogische Beobachter von außen sprachen wegen dieser basisdemokratischen Einrichtung bewundernd von der „Inselrepublik Scharfenberg".

★★★★★★★★★★★★★★★★★★★★

Sie sehen hier einige Überbleibsel der alten Bolle-Villa. Sie wurden bei ihrem Abriss aus dem Schutt gerettet und an der Fassade des neuen Zentralgebäudes aus dem Jahr 1961 angebracht: steinerne Medaillons von Schiller und Homer und eine Leuchte aus Metall. Wenn Sie sich umdrehen, sehen sie hier den Gedenkstein für den Schulgründer Wilhelm

Blume, der anlässlich der 75-Jahrfeier der Schule im Jahr 1997 aufgestellt wurde. Begraben liegt Blume auf dem Gemeindefriedhof Tegel. Dort hat er ein Ehrengrab der Stadt Berlin inne. Die Straße, die durch den Friedhof führt, heißt zudem Wilhelm-Blume-Allee.

Gedenkstein für Wilhelm Blume

★★★★★★★★★★★★★★★★★★★★★★★

Wir stehen jetzt vor dem alten Schulhaus der Schulfarm, das 1936 zusammen mit der Turnhalle zur Linken von Richard Ermisch erbaut worden ist. Ermisch hat also trotz der ursprünglich modernen Ausrichtung seiner Architektur auch in der NS-Zeit noch Häuser bauen dürfen. Die Turnhalle wurde im Jahre 2016 um einen modernen Ankleidetrakt erweitert. Außerdem wurden die sanitären Anlagen, Duschen und WC, saniert.

✱✱✱✱✱✱✱✱✱✱✱✱✱✱✱✱✱✱✱✱✱✱✱✱✱✱✱✱✱✱✱✱✱✱✱✱

Wir stehen jetzt vor dem Kunsthaus, das früher „Blumehaus" hieß. Es wurde 1927 zeitgleich mit dem Fährhaus von Richard Ermisch im Stil des Bauhauses errichtet. Es ist bis heute das Kunstzentrum der Schule. Im Gebäude befinden sich Werkstätten für den Kunstunterricht und Übungsräume für Musiker. 2014 wurde an der Nordseite ein Aufführungs-raum angebaut. Rechts von der Tür sehen Sie eine Gedenktafel für zwei ehemalige Schüler, die sich dem antifaschistischen Widerstand angeschlossen haben und deswegen hingerichtet wurden: Hans Coppi und Hanno Günther. Sie verließen die Schule vor dem Abitur. Coppi schloss sich Widerstandgruppe "Rote Kapelle" an, Günther der „Rütligruppe" (beides Bezeichnungen der Gestapo). Durch Verrat wurden sie entdeckt und 1942 von den Nazis ermordet.

★★★★★★★★★★★★★★★★★★★★★★★★

Wenn wir den Uferweg entlanggehen, kommen wir zu fünf Internatshäusern. Zwei stehen auf der anderen Seite der Insel. Alle sieben Wohnhäuser bilden ein Oval um eine Bodensenke, wo sich vor der Trockenlegung ein Moor befand. Die Pläne für die Häuser stammen von der Berliner Architektin Nina Kessler. Sie wurden 1956/1957 errichtet. Im oberen Stockwerk schlafen die Mädchen, im unteren die

Jungen. Duschen und WC befinden sich in beiden Etagen am Ende der Flure. Ab 2005 wurden die Wohnhäuser nach und nach renoviert. Dadurch erhielten sie den Komfort moderner Jugendhotels. Immer zwei Schüler-Schlafräume teilen sich eine Nasszelle. Die früheren 4-Bett-Zimmer wurden zu 2-Bett-Zimmern umgestaltet. Unten links befinden sich der Dienst- und Schlafraum der Betreuer und eine Küche. Die große Eingangshalle wird für Zusammenkünfte oder gemeinsame Mahlzeiten genutzt.

★★★★★★★★★★★★★★★★★★★★★★★★★★

Schön im Wald versteckt sehen Sie jetzt die Lehrerwohnhäuser, die 1935 errichtet wurden. Der Architekt ist zu unserer Überraschung wieder Richard Ermisch. Wie man sieht, hat er sich hier gänzlich den Stilauflagen der Nationalsozialisten, dem „Heimatschutzstil", gebeugt. Die Form der Häuser entspricht dem Typus "Deutsches Haus", was man vor allem an den traditionellen Satteldächern sehen kann.

Lehrerwohnhaus

★★★★★★★★★★★★★★★★★★★★★★★★

Wenn wir auf den gepflasterten Mittelweg treten, sehen Sie
zur Linken den Sportplatz und danach die Weiden für die
Tiere, die zum Bauernhof gehören. Auf der rechten Seite
sehen Sie den Biologie-Pavillon, der 1964/65 ebenfalls von
Nina Kessler errichtet wurde. Das Gebäude entspricht mit
seinem Flachdach dem Stil der "pragmatischen Moderne", der
in den 1960er Jahren üblich war. Man nennt ihn auch
Campus-Stil. In den 2000er Jahren wurde das Gebäude
grundlegend renoviert und dabei auch eine moderne
Schulbibliothek eingebaut.

****

Wo heute das moderne Gewächshaus aus Glas steht, befand sich bis 2014 ein historisches Gebäude, das Gewächshaus aus dem Jahre 1951. Es wurde wegen Baufälligkeit durch einen modernen Neubau ersetzt, der - wie Sie sehen können - auch als Unterrichtsraum benutzt werden kann. Aus demselben Jahr wie das historische Gewächshaus stammt das Bienenhaus, in dem die Imkerei untergebracht ist. Sie wird von einem Lehrer und einer Schülerarbeitsgemeinschaft betrieben. Den Honig verkaufen die Schüler der Imkerei am Tag der Offenen Tür an die Besucher der Schule. Zur Pflege des Gartens wurde wieder ein Gärtner eingestellt, der mit Schülern gärtnerische Projekte durchführt.

****

Wir haben unseren Rundgang über die Insel beendet. Ich möchte noch ein paar Ausführungen zur gegenwärtigen Situation der Schulfarm Scharfenberg machen. Sie ist heute ein Ganztagsgymnasium mit drei Zügen und hat 450 Schüler. Ungefähr 80 Schüler wohnen im Internat, das von einem freien Träger geführt wird. Lernen und leben sind also nicht mehr ganzheitlich verbunden, wie es die Reformpädagogik anstrebte. Die drei Züge der Schule entsprechen jeweils einem fachlichen Profil: musikalisch (Bläserklasse), künstlerisch oder biologisch. Für alle drei Fachrichtungen gibt es gute materielle Bedingungen und motivierte Lehrkräfte, so dass eine fundierte und anregende Ausbildung der Schüler gewährleistet ist. Hinzu kommt noch der Schwerpunkt Wassersport. Die ideale Lage der Schule und ihre reformpädagogische Tradition veranlassen jedes Jahr Eltern, ihre Kinder an Schulfarm Scharfenberg anzumelden.

Ich danke Ihnen für Ihre Aufmerksamkeit.

Verwendete Literatur

Jubiläums-Festschrift „60 Jahre Schulfarm Insel Scharfenberg, 1922-1982", Sonderheft der „Fähre", Mai 1982

Wilhelm Blume: „Schönheit in Freiheit" (Otto Julius Bierbaum) – Die Geschichte der Schulfarm Scharfenberg – Denkschrift über die Schulfarm Insel Scharfenberg – was sie war, wie sie augenblicklich ist und was sie werden soll [Dezember 1945], Scharfenberg-Archiv, Landesarchiv Berlin

Wilhelm Blume: Aus dem Leben der Schulfarm Insel Scharfenberg 1928; Faksimile-Druck eines Artikels in: „Das werdende Zeitalter", Eine Monatsschrift für Erneuerung der Erziehung, 7. Jg., Heft 10, Universitätsbibliothek Paderborn

Dietmar Haubfleisch: Schulfarm Insel Scharfenberg, Mikroanalyse der reformpädagogischen Unterrichts- und Erziehungsrealität einer demokratischen Versuchsschule im Berlin der Weimarer Republik; Dissertation der Philipps-Universität Marburg, Verlag Peter Lang, Frankfurt/M., 2001

Knut Hickethier: Die Insel, Jugend auf der Schulfarm Insel Scharfenberg 1958-1965, Berliner Schuljahre 1, Erinnerungen und Berichte, Overall Verlag Berlin, 1991

Volker Hoffmann: Hanno Günther – ein Hitler-Gegner, Geschichte eines unvollendeten Kampfes 1921-1942; Berlin, 1992

Heinz K. Jahnke: Scharfenberg unter dem Hakenkreuz; Die Geschichte der Schulfarm Scharfenberg zwischen 1933 und 1945, Verlag AURIGA, Berlin, 1997

Heinrich Scheel: Schulfarm Insel Scharfenberg; in: Wortmeldungen, Volk und Wissen, Berlin, 1990

Peter Weiss: Die Ästhetik des Widerstands, Frankfurt/M., 1988

Rainer Werner: Die Schulfarm Insel Scharfenberg in Berlin; Perspektiven einer Neubesinnung; in: Zeitschrift für Erlebnispädagogik, Heft 2/3, Verlag Edition Erlebnispädagogik Lüneburg, 1996

Rainer Werner: Schulfarm Insel Scharfenberg (Reinickendorf). Eine Traditionsschule auf der Suche nach einem zeitgemäßen Profil. In: Schullandschaft Deutschland, Berlin, Bd. 1, hgg. von Christian Ernst und Christine Lost, Schneider Verlag Hohengehren, 1997, S. 102 ff.

Rainer Werner: Schulfarm Insel Scharfenberg 1995-1997, Chronik eines Reformversuchs, Eine Dokumentation, Frieling Verlag, Berlin, 1998

Rainer Werner: Griechisch für den Tischler – Das Bildungskonzept Wilhelm von Humboldts, in: „Bilde dich selbst, und dann wirke auf andere durch das, was du bist";

Vorträge zum Jubiläum „250 Jahre Wilhelm von Humboldt",
Museum Reinickendorf, Berlin, 2018

Rainer Werner

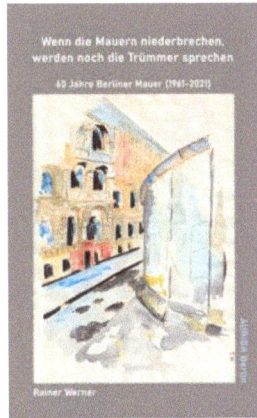

Wenn die Mauern niederbrechen, werden noch die Trümmer sprechen

Die Staatsführung der DDR war 1949 angetreten, das bessere Deutschland zu schaffen, einen Staat, der friedfertig, gerecht und wohlhabend sein sollte. Von Anfang an lasteten auf dem ostdeutschen Teilstaat schwere Hypotheken. Länger als die Westmächte führte die Sowjetunion umfassende Demontagen von Industrieanlagen durch, die die industrielle Basis schwächten. Am 17. Juni 1953 entlud sich der Volkszorn über niedrige Löhne und schlechte Arbeitsbedingungen in einem Volksaufstand, der die ganze DDR erschütterte. Nur mit Hilfe sowjetischer Panzer konnte er niedergeschlagen werden. Die verschärfte Repression trieb immer mehr Menschen über die Berliner Sektorengrenze in den freien Westen. Am 13. August 1961 zog die Staatsführung der DDR die Notbremse. Von der KPdSU abgesegnet, riegelte sie die Sektorengrenzen zwischen der sowjetischen Zone und den drei Westzonen ab. Nach dem Bau der Mauer erlebte die DDR eine Phase relativer Ruhe und bescheidener Prosperität. Den Freiheitsdrang der Bürger konnte das SED-Regime zu keinem Zeitpunkt unterdrücken. Im Sommer 1989 kam es zu Protestaktionen der Bürgerbewegung und zur Massenflucht über Ungarn und die CSSR in den Westen. In der Nacht des 9. November 1989 wurde die Mauer geöffnet. Zehntausende Ost-Berliner strömten nach West-Berlin, wo sich die Freude in einer spontanen Wiedersehensfeier entlud. „Wahnsinn" war das Wort der Stunde.

Dieses Buch schildert den Bau der Mauer, die Folgen, die das monströse Bauwerk für die Bürger in Ost und West hatte, und schließlich die Überwindung der Mauer durch die friedliche Revolution der Bürger in der DDR. Der Wille der Menschen, in Freiheit zu leben, hatte über ein politisches System gesiegt, das seine Bürger nur als Manövriermasse für eine menschenverachtende Ideologie betrachtete.

Verlag Auriga Berlin

Rainer Werner

Fluch des Erfolgs

Wer hätte gedacht, dass der zündende Slogan "Das Gymnasium darf nicht sterben!" nach 50 Jahren eine Auferstehung erfahren würde? Die erfolgreichste Schulform in Deutschland, die von Eltern hoch geschätzt wird, soll für alle Schüler geöffnet werden: „Gymnasium für alle" heißt die Losung. Um dieses Ziel zu erreichen, haben sich die Bildungspolitiker wirkungsvolle Maßnahmen einfallen lassen. Besonders einschneidend ist beim Übergang von der Grundschule zum Gymnasium der Wegfall des Grundschulgutachtens und seine Ersetzung durch den Elternwillen. Dies führt dazu, dass in den unteren Klassen des Gymnasiums immer mehr Kinder sitzen, die im gymnasialen Unterricht überfordert sind. Auch an der Leistungsmessungen wird neuerdings gerne gedreht. Auffällig ist, dass die Durchschnittsnoten im Abitur immer besser werden, obwohl Leistungsstudien - PISA inklusive - den getesteten Schülern keinerlei Lern- und Wissenszuwachs attestieren.

Dieses Buch will zeigen, in welcher Weise das Gymnasium gefährdet ist. Dazu werden die Maßnahmen der Schulbehörden einer kritischen Betrachtung unterzogen. Gleichzeitig wird das utopische Verlangen nach Gleichheit in der Bildung einer fundamentalen Kritik unterzogen.

Das Buch richtet sich an alle Lehrer, die die Aufweichung der gymnasialen Lernkultur und die Absenkung der Anforderungen an die Leistung mit Unbehagen erleben. Es wendet sich gleichzeitig an die Politiker, denen es ein wichtiges Anliegen ist, die Schulform, um die uns die ganze Welt beneidet, vor weiteren Zumutungen zu bewahren.